KB252665

10만 원으로 시작하는
성공 주식 투자

1MANENKARA HAJIMERU KACHIGUMI MEIGARA TOUSHI
Copyright © 2021 Hideki Wajima

All rights reserved.
This Korean edition was published by Dodreamedia.co.kr in 2026
by arrangement with Kanki Publishing Inc. through KCC(Korea Copyright Center, Inc.), Seoul

이 책은 (주)한국저작권센터(KCC)를 통한 저작권자와의 독점계약으로 ㈜두드림미디어에서 출간되었습니다.
저작권법에 의해 한국 내에서 보호를 받는 저작물이므로 무단전재와 복제를 금합니다.

10만 원으로 시작하는
성공 주식 투자

차트보다 기업을 보는 주식 투자 수업

와지마 히데키 지음 | 김진수 옮김

두드림미디어

주식 투자는
기업의 주인이 되는 일이다

이 책은 데이 트레이더를 위한 매매 기술서가 아닙니다. 이 책은 일본 주식에 중장기 투자를 제안하는 책입니다. 따라서 이 책에서는 '주식 투자=기업 오너가 되는 것'이라는 개념을 메인 테마로 삼아 최고의 우량기업, 즉 '성공 종목'을 선택하는 방법을 알려드립니다.

주식 투자에는 리스크가 따릅니다. 주식 투자 경험이 없는 분들도 이 점은 잘 알고 계실 것입니다. 당연합니다. 주가는 시시각각 변동하니까요. 싸게 사서 비싸게 팔면 이익을 얻지만, 비싸게 사서 싸게 팔면 손실이 발생합니다.

그런데 '리스크 없는 리스크'가 있다는 사실을 알고 계신가요? 은행에 예금해두면 원금은 줄어들지 않지만, 요즘 같은 초저금리 시대에는 자산이 늘어나지도 않습니다(금리와 배당 비교는 21페이지 참조). '원금이 줄어들지만 않으면 괜찮다'라고 생각할 수도 있습니다. 단기적으로는 그것도 괜찮지만, 장기적으로 생각하면 '안전'만이 좋은 선택은 아닙니다. 통장에 넣어두고 방치하는 것과 '운용'해서 불리는 것. 후자가 더 어렵게 느껴질지도 모르지만, 전자처럼 방치하기만 해서는 자산은 전혀 늘지 않습니다. **이것이 바로, 리스크 없는 리스크입니다.**

리스크 없는 리스크는 일이나 생활에도 적용되는 원리입니다. 이직은 더 나은 기회를 위해 리스크를 감수하는 것이고, 결혼 역시 행복을 위해 리스크를 받아들이는 선택이죠. 리스크를 감수하지 않으면 결코 앞으로 나아갈 수 없습니다.

현재 정기예금 금리는 약 0.02%에 불과합니다. 반면 도쿄증권거래소에 상장된 모든 종목의 평균 배당수익률은 1.6%입니다. **주식은 장기적으로 가격 상승에 따른 수익도 기대할 수 있기 때문에 장기 운용 시 그 차이는 더욱 벌어집니다.** 당신이 지금 30세든 50세든, 60세가 되었을 때 자산 규모는 상당한 차이를 보일 것입니다. 풍요로운 노후를 맞이하기 위해서는 지금 당장 할 수 있는 것부터 조금씩 시작해보는 것이 중요합니다.

20~30대라면 주식 투자는 아니지만 우선 매달 일정 금액을 투자하는 적립식 NISA(소액 투자 비과세 제도)나 iDeCo(개인형 확정기여연금)를 하루빨리 시작하는 것을 추천합니다. 세계 주요국의 주식이나 채권에 분산 투자하는 투자신탁이 좋습니다. 1~2년 정도 적립하면 미실현이익이 눈에 띄게 쌓이면서, 정기예금과의 차이를 체감할 수 있을 것입니다. 이런 경험을 통해 자

신의 리스크 허용 범위도 점차 넓혀갈 수 있습니다.

'주식 투자' 하면, '목돈이 필요하지 않을까'라고 생각하기 쉽습니다. 하지만 그 문턱은 해마다 낮아지고 있습니다. 매매수수료는 계속 인하되고 있고, 제1장에서 언급하듯이 **요즘은 1주 단위로 매매할 수 있는 증권사도 늘어** 소액 투자도 충분히 가능합니다. 수천 엔 정도의 금액으로도 투자를 시작할 수 있는 시대입니다. 주주의 권리는 일부 제약을 받지만, 적은 금액으로도 충분히 '투자'를 경험할 수 있습니다. 토요타 자동차나 닌텐도, 소니 같은 우량기업도 1주 단위라면 비교적 부담 없이 투자할 수 있습니다.

주식 투자는 평등합니다. 대학을 졸업하고 미쓰비시 상사나 소니에 입사하려면 여러 가지 제약이 있어 쉽지 않습니다. 하지만 주식은 누구나 살 수 있습니다. 학력이나 직책 같은 경력은 전혀 문제가 되지 않습니다. 개인 투자자라도 기관 투자자와 비교해 매수 면에서 불리하지 않습니다. 이것은 꽤 굉장한 일 아닌가요?

그래도 여전히 주식은 어렵다고 생각하는 분들이 많습니다. '어렵다'라고 느끼는 이유는 크게 2가지입니다. 하나는 주식 투자에 대한 **기초 지식의 장벽**, 또 하나는 '어떤 기업에 투자할 것인가?'라는 **종목 선택의 장벽**입니다.

안타깝게도 첫 번째 장벽인 기초 지식의 부족은 최소한의 공부가 필요합니다. 자신이 투자한 기업과 함께 성장해나간다는 점에서, 그 기업이 어느 정도의 수익을 내고 있는지, 배당금은 얼마인지 정도는 알고 있어야 합니다. 상장 기업은 결산 발표 시 먼저 결산 단신이라는 간략한 개요(그래도 30~40페이지)를 공개하고, 이후 상세한 내용이 담긴 유가증권 보고서를 당국에 제출합니다. 제4장에서 자세히 설명하겠지만, 저는 이 중에서 **결산 단신 첫 페이지만 봐도 충분하다고 생각합니다.**

결산 단신 첫 페이지에는 본결산 기준으로 과거 2기의 매출과 이익, 이번 기의 실적 계획, 자산 상태, 그리고 현금흐름(Cash-flow, 캐시플로우) 등이 정리되어 있습니다. '회사의 성적표'라고 할 수 있는 결산개요가 압축되어 있는 셈이죠. 이것도 하나하나 자세히 분석할 필요 없이 대략적인 흐름만 파악할 수 있으면 충분합니다.

집을 지을 때 건축의 품질을 좌우하는 것은 목수의 우두머리인 도편수의 실력입니다. 도편수는 목수들을 통솔하고 적절한 지시를 내려 정확하게 건축을 진행합니다. 하지만 도편수도 처음에는 대패질 같은 기초적인 기술부터 배워야 합니다. 꾸준한 노력과 훈련을 통해 목수가 되고, 그리고 도편수가 되는 것입니다. 의사도 마찬가지입니다. 의과대학에 진학해서 다양한 공부를 하고 시험에 합격해야 비로소 환자를 진료할 수 있습니다. 직장인도 회사 업무에 익숙해지려면 노력과 경험이 필요합니다. 주식 투자도 이와 같습니다. 아무런 지식 없이 무작정 시작해서는 성공하기 어렵습니다. 어쩌다 성공한다고 해도 그것은 단지 운이 좋았을 뿐입니다. 우연이 오래 지속될 수는 없습니다.

후자에 해당하는 기업(종목) 선택의 장벽은 생각보다 높지 않습니다. **자신이 잘 아는 회사를 고르면 됩니다.** 자동차를 좋아한다면 업계 동향에 관심을 갖거나, 회사원이라면 동종업계의 상장 기업을 살펴보는 것도 좋습니다. 쇼핑을 할 때 잘 팔리는 상품을 눈여겨보는 것도 하나의 방법이죠.

주식 투자를 염두에 두고 사물을 바라보면 일상생활에서 세상을 보는 시각이 달라집니다. 물론 5G, 반도체, 바이오벤처처럼 장래성은 있어 보이지만, 기술적으로는 이해하기 어려운 분야도 있습니다. 만약 이런 분야의 문외한이라면 굳이 그런 기업들을 고집할 필요는 없습니다. 저명한 투자자인 워런 버핏(Warren Buffett)의 투자 철학은 '자신이 이해할 수 없는 것에는 투자하지 않는다'입니다. 실제로 그가 이끄는 버크셔 해서웨이(Berkshire Hathaway)가 2020년 9월 기준으로 가장 많이 보유한 주식은 애플, 뱅크 오브 아메리카, 코카콜라입니다. 누구나 다 아는 친숙한 기업들이죠.

잘 모르는 회사에 투자할 경우, 손실이 발생했을 때 더욱 큰 충격을 받을 수 있습니다. '투자하지 말걸…'이라는 후회가 생기기도 합니다. 충분히 납득하지 않고 투자한 만큼 어쩌면 당연한 결과일지도 모릅니다. 물론 5G나 반도체 같은 테마에는 분명 기회도 숨어 있습니다. 제7장에서는 이러한 개념이 익숙하지 않은 분들도 쉽게 이해할 수 있도록 테마를 정리해놓았으니 참고하시기 바랍니다.

다소 역설적으로 들릴 수 있지만, **유명한 기업이 반드시 좋은 회사인 것은 아닙니다.** 역사만 오래되었을 뿐 수익성이 낮은 기업도 많습니다.

일본의 가장 유명한 주가지수인 '닛케이지수'는 225개 종목의 단순 평균으로 산출됩니다. 종목은 정기적으로 교체되지만, 기본적으로는 예전부터 포함되어 있던 기업이 계속 남기 쉬운 구조입니다. 닛케이지수는 한때 3만 엔을 회복하며 화제가 되었지만, 여전히 1989년 최고치인 38,915엔에는 미치지 못하고 있습니다.

한편, 잘 알려지지는 않았지만, **500개 종목으로 구성된 닛케이 500종 평균주가는 2020년 8월에 사상 최고치를 경신했습니다.** 이 지수는 거래량, 거래대금, 시가총액이라는 3가지 기준만으로 평가

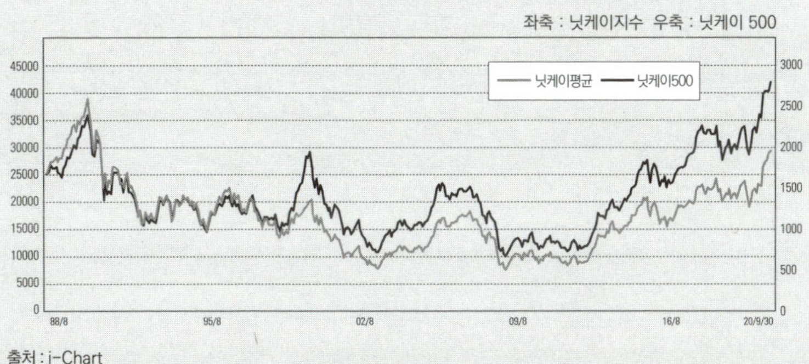

닛케이지수와 닛케이 500(1988년 2월~)

출처 : i-Chart

되며, 아무리 전통 있는 기업이라도 이 기준을 충족하지 못하면 지수에서 제외됩니다. 이처럼 세대교체가 활발하게 이루어지는 점이 최고가 경신의 원동력이라고 할 수 있습니다. 눈앞의 주가에 일희일비하기보다는 장기적인 관점에서 유망한 기업을 찾는 것이 주식 투자의 기본입니다. 장기적으로 보면 주식은 결코 두려운 대상이 아닙니다.

마지막으로 말씀드리고 싶은 것은 기업(종목)을 선택할 때 최종 판단은 반드시 스스로 내려야 한다는 점입니다. 주식 투자를 시작하면 다양한 정보가 쏟아집니다. 서점에는 투자 관련 서적이 수없이 진열되어 있고, 곳곳에서 투자자를 위한 강연회도 열립니다.

저 역시 강연자로서 경제 상황이나 관련 주제에 관해 이야기할 기회가 많습니다. 투자자들끼리 다양한 이야기를 주고받을 수 있죠. 이 과정에서 때때로 "○○라는 주식이 오를 것 같다", "오늘 아침 경제신문에 나온 □□ 재료가 유망하다"와 같은 그럴듯하고 자극적인 정보가 들려올 수도 있습니다. 그러나 이러한 정보는 이 시점에서 이미 장기 투자에 적합하지 않습니다. 이런 정보에 의존해 투자했다가 실패하면 충격이 클 뿐만 아니라 남을 탓하게 되기 쉽습니다.

인제 와서 투자는 자기 책임이라는 상투적인 말을 하려는 것이 아닙니다. **스스로 기업과 업계를 연구하고 다양한 각도에서 신중**

히 검토한 후, 최종적으로 투자 여부를 판단하는 것. 이 일련의 과정은 대단히 즐거운 일입니다. 이런 즐거움을 남에게 맡기는 것은 너무 아까운 일이라고 말씀드리고 싶은 것입니다.

자신이 노력해서 선택한 기업이 성장하고, 주가 상승이나 배당으로 보상을 받는다면, 이보다 멋진 일이 어디 있을까요. 이 책이 그 과정에 작은 도움이 될 수 있다면 더할 나위 없는 기쁨일 것입니다.

와지마 히데키

(이 책은 2021년 5월 1일 시점의 정보를 기준으로 작성되었습니다. 이 책의 내용은 저자의 개인적인 견해일 뿐 저자가 소속된 기업이나 업계 전체의 의견이 아닙니다. 또한 이 책의 정보를 바탕으로 투자 등의 행위를 한 결과 어떠한 손해가 발생하더라도 저자와 출판사는 그 결과에 대해 일체의 책임을 지지 않습니다. 투자 대상 및 금융상품 선택 등 투자에 관한 최종 결정은 반드시 본인이 직접 판단해서 내리시기를 바랍니다.)

차 례

제2장   중장기 투자의 5가지 매력

제3장 승리하는 종목의 3가지 조건

제 1 장

실은 문턱이 낮다!
개별주 투자

뭐가 더 이득일까?
은행예금과 은행주 투자

　만약 수중에 현금 100만 엔이 있다고 가정해봅시다. 여러분은 이 돈을 은행에 예금하시겠습니까? 아니면 은행주에 투자하시겠습니까?

　사실 주식을 상장한 은행은 많습니다. 도쿄증권거래소 이외의 거래소에 상장된 은행까지 포함하면, 2021년 2월 시점을 기준으로 총 88개의 은행이 상장되어 있습니다. 은행주는 비교적 '배당수익률'이 높은 인기 업종입니다.

　예를 들어, **미쓰비시 UFJ 파이낸셜 그룹**(미쓰비시 UFJ 은행의 지주회사)에 투자하는 것과 미쓰비시 UFJ 은행의 '정기예금'에 예치하는 것 중 **어느 쪽이 더 이득인지 비교해보겠습니다**(각각의 리스크는 고려하지 않겠습니다).

　2021년 2월 기준 미쓰비시 UFJ 은행의 정기예금 금리는 연 0.002%입니다. 현재 초저금리의 영향으로 예치 금액이나 예치 기간과는 관계없이 모두 동일한 금리가 적용됩니다. 즉 100만 엔을 1년간 예치할 경우, 얻을 수 있는 이자는 세전 20엔입니다.

주가가 하락해도 배당으로 커버

그렇다면 같은 100만 엔으로 미쓰비시 UFJ 파이낸셜 그룹의 주식을 샀다면 어떨까요? 이 회사의 주가는 2021년 4월 30일 기준으로 1주=578엔입니다. 만약 이 주식을 500엔에 매수했다고 가정해봅시다. 투자금이 100만 엔이라면 약 2,000주를 살 수 있습니다.

그렇다면 이 회사의 '배당금'은 얼마일까요? 참고로 배당금이란 기업이 벌어들인 이익 일부를 주주들에게 돌려주는 대표적인 '주주환원' 방식입니다. 이 회사의 배당금은 2021년 3월 결산 기준 1주당 25엔이었습니다. 따라서 2,000주의 배당금액은 25엔×2,000주=**50,000엔**입니다. 같은 100만 엔을 은행에 예금하면 1년 동안 20엔밖에 이자가 붙지 않지만, 주식 배당금은 5만 엔이나 됩니다. **이 차이, 생각보다 대단히 크지 않습니까?**

예시 │ 100만 엔을 정기예금과 은행주에 1년간 맡겨두었을 경우

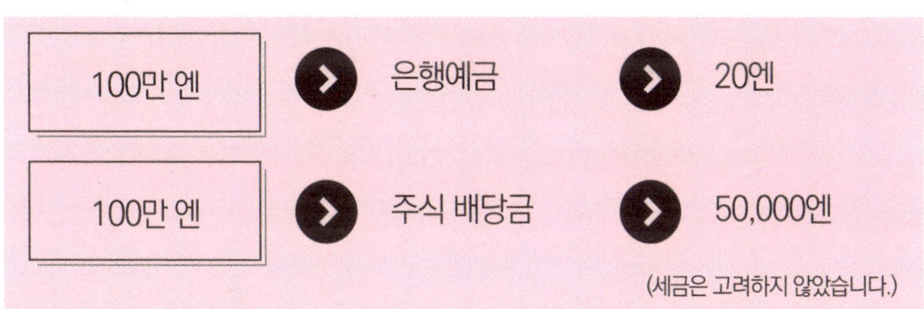

　　물론 은행예금은 원금이 보장되는 반면, 주식은 주가가 항상 변동하기 때문에 경우에 따라 예상 매수가인 578엔을 크게 밑돌 위험도 있습니다.

　　그럼 과거 주가가 가장 크게 하락했을 때는 얼마였는지 살펴봅시다. 요 20년간 이 회사의 주가 움직임을 살펴보면, 2003년 일본이 금융위기에 빠졌을 때 주가는 351엔까지 하락했습니다. 이후 2006년 4월에는 1,950엔까지 상승했지만, 리먼 사태의 여파로 2011년 11월에는 318엔이라는 최저가를 기록했습니다. 이 318엔이 최근 20년간 최저 주가입니다. 만약 앞으로 500엔에 매수한 주식이 318엔까지 하락한다면, 100만 엔은 63만 6,000엔으로 줄어들게 됩니다.

　　하지만 주가는 당연히 상승할 가능성도 큽니다. 2006년에는 2,000엔에 가까운 주가를 기록한 적도 있습니다.

미쓰비시 UFJ 파이낸셜 그룹(8306) 월봉 차트

출처 : i-Chart

만약 매년 4만 엔 이상의 배당금을 받을 수 있다면, 8년 조금 넘게 보유하기만 해도 36만 4,000엔의 손실이 '상쇄'됩니다.

이처럼 **배당금은 주가 하락 위험을 완화해주는 역할을 합니다.** 언젠가 손실이 메워진다고 생각하면 주가가 다소 하락하더라도 여유를 갖고 기다릴 수 있지 않을까요. 이것이 주식을 장기적으로 운용할 때 얻을 수 있는 장점 중 하나입니다.

또한 주식은 반드시 한 번에 전부 매수할 필요는 없습니다. 여러 번에 나눠서 매수하면 **가격 리스크를 분산할 수 있습니다.** 참고로 미쓰비시 UFJ 파이낸셜 그룹은 2022년 3월, 배당금을 2엔 증배해서 연간 27엔으로 조정한다고 발표했습니다.

배당금과 시세차익 외에 얻을 수 있는 것은?

또한 주주가 되면 **'주주총회'**에 참석할 권리를 얻을 수 있습니다. 대개 주주총회는 연 1회 개최됩니다. 참고로 미쓰비시 UFJ 파이낸셜 그룹의 가장 최근 주주총회는 2020년 6월 29일, 도쿄의 그랜드 프린스 호텔 신타카나와에서 개최되었습니다. 직접 참석해보면 아시겠지만, 주주에 대한 은행직원들의 응대는 매우 정중합니다. 비록 100주 정도의 소액만 보유하고 있더라도, **주주는 기업의 오너**이고 은행직원은 '종업원'이기 때문입니다.

반면, 은행에는 100만 엔을 예금하더라도 단순한 소액 예금자에 불과합니다. 특별한 대우나 감사를 받는 경우는 매우 드뭅니다. 그러나 주주는 전혀 다른 대우를 받습니다. 약간의 자존심을 충족시키고 싶은 분은 한 번쯤 주주총회에 참석해보는 것도 좋지 않을까요.

물론 앞서 말씀드린 것은 하나의 사례일 뿐, 상장 기업은 은행에 국한되지 않습니다. 도쿄증권거래소 등에는 다양한 기업의 주식이 상장되어 있으며, 기업마다 주주총회를 개최합니다. 어떤 기업은 주주총회와 함께 파티를 열어, 경영진과 직접 대화를 나눌 기회를 제공하기도 합니다. 또 어떤 기업은 배당금 외에도 자사 제품이나 서비스를 **주주 우대** 혜택으로 제공하기도 합니다.

이처럼 주주만이 누릴 수 있는 혜택은 매우 다양합니다. 적어도 예금이나 투자신탁으로는 절대 얻을 수 없는 장점이지요. 어떻습니까? 주식 투자를 시작하고 싶어지지 않습니까?

주식 투자의 매력에 대해서는 다음 장에서 더욱 자세히 소개드리겠습니다. 기대해주세요.

돈이 없어서 못 한다고요?
아니요, 토요타도 8,000엔이면
투자할 수 있습니다

주식에 한 번도 투자해본 적 없는 사람들이 공통으로 하는 말이 있습니다. 바로 "주식 투자는 돈 많은 사람들이나 하는 거잖아"라는 말입니다.

하지만 요즘은 주식 투자의 문턱이 과거보다 훨씬 낮아졌습니다. 현재 일본의 상장 기업이 대부분 단원주 제도[1]를 도입하면서 사실상 모든 기업의 주식이 1단원=100주로 정해졌습니다. 즉 1주=2,000엔인 종목이라면 20만 엔부터 투자할 수 있게 된 것입니다. 일본을 대표하는 기업인 토요타 자동차의 주식도 주가가 8,000엔 전후이므로, 100주라면 약 80만 엔부터 투자할 수 있는 셈입니다.

물론 '80만 엔도 부담스럽다'라고 느끼는 분들도 있을 것입니

---

1) 단원주 제도(単元株制度) : 일본 특유의 주식 거래 제도로, 일정 수의 주식을 하나의 단원으로 정해 하나의 의결권을 부여하는 제도를 말한다. 현재 일본에서는 대부분의 상장 기업이 100주를 1단원으로 채택하고 있다. - 역자 주

다. 특히 주식은 단일 종목에만 투자할 경우, 해당 종목의 주가가 하락하면 손실을 그대로 떠안게 되기 때문에 여러 종목에 분산 투자하는 것이 바람직합니다. 하지만 토요타 자동차처럼 주가 수준이 높은 종목 위주로 분산 투자를 하다 보면 전체 투자 금액이 커질 수밖에 없고, 결국 앞서 말씀드린 것처럼 '역시 주식 투자는 돈 많은 사람들이 하는 것'이라는 인식이 생길 수밖에 없습니다.

이러한 문제를 해결할 결정적인 방법이 바로 **'미니 주식 투자'**입니다. 미니 주식 투자란, **'단원 미만주'** 거래를 의미합니다. 미니 주식 투자를 이용하면 100주 미만으로도 주식 투자를 할 수 있습니다.

이것이 얼마나 획기적인 방법인지 설명해드리겠습니다. 앞서 토요타 자동차 주식(주가 8,000엔 전후)을 1단원=100주 매수하려면 약 80만 엔이 필요하다고 말씀드렸습니다. 그런데 '미니 주식'은 100주 단위의 10분의 1인 10주 단위부터 투자할 수 있고, **최근에는 1주 단위로 투자할 수 있는 인터넷 증권사도 등장했습니다.** 만약 1주 단위로 토요타 자동차 주식에 투자한다면, 투자 금액은 8,000엔이면 충분합니다. 물론 단원주가 아니기 때문에 주주총회에 참석할 권리나 주주 우대 혜택은 받을 수 없지만, **배당금은 보유 주식 수에 비례해서 지급받을 수 있습니다.**

어떻습니까? 이 정도면 주식 투자의 문턱이 훨씬 낮아진 것처럼 느껴지지 않습니까? 참고로 토요타는 2021년 9월 말에 1주를 5주로 주식 분할을 한다고 발표했습니다. 따라서 매수 가격도 기존의 5분의 1로 낮아질 예정입니다.

'미니 주식' 투자는 리스크 분산에 유리하다

미니 주식 투자의 장점은 주가가 높은 종목도 적은 금액으로 부담 없이 투자할 수 있다는 점입니다. 예를 들어, '유니클로' 브랜드로 잘 알려진 패스트리테일링(9983)의 주가는 한때 10만 엔을 넘은 적도 있습니다. 만약 이 주식을 100주 단위로 매수하려면 무려 1,000만 엔 이상의 자금이 필요합니다. 이 정도면 누구나 쉽게 투자하기는 어렵겠죠. 하지만 미니 주식 투자를 이용하면 10주 단위일 경우 100만 엔, 1주 단위일 경우 10만 엔으로도 투자가 가능합니다. 10만 엔 정도면 훨씬 현실적인 금액으로 느껴지지 않으신가요?

물론 100주 단위로도 부담 없이 매수할 수 있는 주식도 있습니다. 도쿄증권거래소 2부에 사장된 모 금융회사의 주가는 4월 30일 현재 겨우 7엔입니다. 100주를 매수하더라도 단돈 700엔이면 충분합니다. 뭔가 문턱이 낮아 보입니다.

하지만 **'주가는 기업의 성적표'**라는 말이 있습니다. 실적이 좋은 기업일수록 주가가 높고, 반대로 경영이 부진한 기업은 당연히 주가도 낮습니다. 주가만 봐도 알 수 있듯이 패스트리테일링의 실적은 매우 뛰어납니다. 반면 7엔짜리 기업의 실적은 당연히 엉망입니다. 실적이 나쁜 기업에 굳이 투자할 이유는 없습니다.

참고로 2021년 4월 30일 기준으로 주가가 50엔 이하인 기업은 17개 사에 달합니다. 이 중에는 나름대로 인지도 있는 기업도 일부 포함되어 있습니다. 단순히 주가가 낮다는 이유만으로 기업에 투자하는 것은 주의하는 편이 좋습니다.

앞으로 자세히 설명해드리겠지만, **중장기적인 주식 투자의 대전제는 기업의 성장과 함께 주주도 이익을 얻는 것입니다.** 따라서 투자 판단 기준으로 주가의 절대 수준은 큰 의미가 없습니다. 매출이나 이익 등 최소한의 실적을 확인하는 것은 당연히 필수입니다. 기업 실적 분석법은 제4장에서 자세히 다루겠습니다.

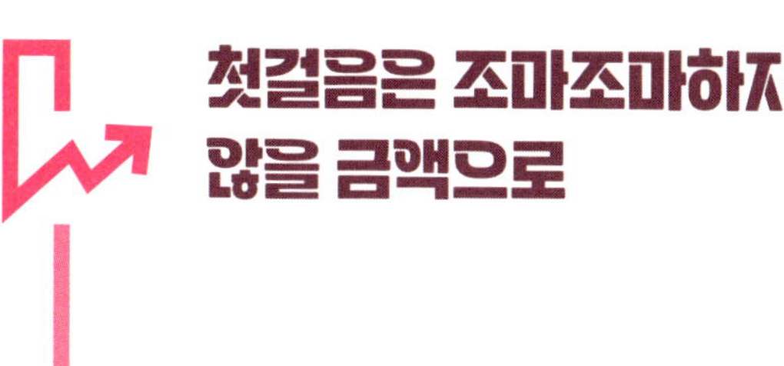

첫걸음은 조마조마하지 않을 금액으로

지금까지 수많은 투자자를 만났습니다. 그중에서 꾸준히 수익을 내는 사람들과 그렇지 않은 사람들 사이에는 결정적인 차이점이 있습니다. 그것은 바로, 좋은 기업의 주식을 중장기적으로 **'기다릴 수 있느냐'**라는 점입니다.

주식 투자에서 흔히 볼 수 있는 사례가 있습니다. 보유한 주식이 조금이라도 하락하면 '어떡하지? 손해 봤어'라는 생각에 마음이 조마조마해지는 경우입니다. 계속 보유할지, 아니면 지금이라도 팔아버리고 편해질지 고민에 빠지게 됩니다. 그러다 주가가 한 단계 더 하락하면 결국 참지 못하고 팔아버린 다음 "이제 투자라면 지긋지긋해"라며 시장을 떠나버립니다.

주식을 매수할 때는 분명 그 기업의 성장 가능성이나 테마성에 주목했을 것입니다. 하지만 이처럼 주가 변동에만 집착하다 보면 손해를 볼까 전전긍긍하느라 정작 기업의 성장성 같은 본질적인 요소는 잊어버린 채 동요하게 됩니다. 이렇게 되면 결국 손해만 보고 끝나게 됩니다.

그렇다면 부자들은 어떨까요? 그들은 투자를 결정할 때 세운 전제조건이 무너지지 않는 한 주가가 어느 정도 하락하더라도 계속 보유합니다. 그렇게 할 수 있는 이유는 여유가 있기 때문입니다. 여기서 말하는 여유는 자금적인 여유를 의미하기도 합니다.

'그렇게 말하면 더는 할 말이 없잖아'라고 생각할 수도 있지만, 사실 투자 초보자도 부자들처럼 여유로운 태도로 투자할 수 있는 방법이 딱 하나 있습니다. 그것은 바로, **꾸준히 공부하면서 동시에 소액 자금으로 투자하는 것입니다.** 잡지나 기사에서는 종종 '억대 자산가'처럼 단기간에 큰돈을 벌었다는 사례들이 소개되곤 합니다. 하지만 이들은 대부분 지극히 '예외적인' 경우입니다.

앞서 말씀드린 '미니 주식' 등을 활용해서, 투자 초보자는 투자 자금을 소액으로 설정하고, 설령 가격이 하락하더라도 심리적 여유를 유지하는 것이 좋습니다. 보유 중인 금융자산 총액이 100만 엔이라면 투자 금액을 50만 엔이 아닌, 5만 엔으로 줄이는 것입니다. 그러면 손실액도 필연적으로 제한적일 수밖에 없습니다.

제6장에서 다시 말씀드리겠지만, **주식을 매수할 때는 한 번에 사지 말고 여러 번 나눠 사는 것**도 하나의 방법입니다. 특히 투자 경험이 부족한 사람은 어떻게든 돈을 벌고 싶다는 마음이 앞서서 보유 자금을 한 종목에 몰아넣었다가, 주가가 하락하면 놀라고 겁에 질려 손절하는 경우가 적지 않습니다.

하지만 그러면 아무리 시간이 지나도 투자의 중요한 원칙을 깨달을 수 없습니다. 물론 손실을 피하는 것이 가장 좋지만, 주식 투자에서 최종적으로 승리하려면 작은 손실을 경험하는 과정도 필요합니다. 또한 부자들의 투자 방식을 살펴보면 단순히 금전적인 여유뿐만 아니라 **기업을 철저히 조사하고 강점을 파악하는 여유도 갖추고 있습니다.** 종목을 선정할 때 그 기업이 실제로 성장할 수 있는 요소를 갖추고 있는지 반복해서 고민해보는 것이 좋습니다.

강한 주식은 급락해도 회복한다

앞서 '주가 하락은 무섭다'라고 말씀드렸지만, 중장기 투자에서는 반드시 기억해야 할 중요한 개념이 있습니다. 바로 **'강한 주식은 급락해도 회복한다'**라는 것입니다.

저는 1985년 증권회사에 입사해서 영업을 담당했고, 그 후 〈주식 신문사(현 모닝스타)〉 기자, 라디오 NIKKEI 기자로 활동하며 수많은 투자자와 상장 기업을 취재했습니다.

외국인이나 기관 투자자의 운용 방식이 다양하듯이, 개인 투자자들의 투자 스탠스도 천차만별입니다. 당장 눈앞의 주가에 일희일비하는 사람이 있는가 하면, 닛케이지수 같은 지표는 신경 쓰지 않고 여유롭게 대응하는 자산가도 있습니다. 상장 기업도 마찬가지입니다. 꾸준히 성장하는 기업이 있는가 하면, 한 방을 노리는 듯한 기업도 있습니다. 초일류라고 불리는 톱 기업조차 몇 년에 한 번씩 큰 적자를 기록하는 경우도 있습니다. 어느 방식이 무조건 좋다고 단정할 수는 없습니다. 그러나 중장기 투자에서는 반드시 지켜야 할 기본이 있습니다.

현재 주식 시장은 닛케이지수가 30년 만에 3만 엔대를 회복하는 등 상승 기대감이 확산되고 있습니다. **주가는 상승과 하락을 반복하면서 경제 성장과 함께 장기적으로는 우상향하는 것이 기본**입니다. '프롤로그'에서 언급했듯이, 지수 편입으로 종목 교체가 활발한 닛케이 500종 평균은 2020년 8월 사상 최고치를 경신했습니다. 실적이 좋은 기업일수록 주가도 상승하는 경향을 보입니다.

다만 개별 기업 중에는 시대의 흐름을 따라가지 못해 실적이나 주가가 부진하거나 성장이 정체되는 경우도 많습니다. **반면 히트 상품을 출시해 일시적으로 주가가 급등하는 기업도 있습니다.** 시장 전반이 상승세일 때는 '키 맞추기 순환매'로 인해 실적이 부진한 기업의 주가도 일시적으로 동반 상승하는 현상이 나타나기도 합니다.

주식 시장에서는 일정한 주기로 주가가 크게 조정되는 시기가 찾아옵니다. 경제 순환에 따른 경기의 흐름으로 기업 실적이 변동하기 때문입니다. 다만 금융위기, 전쟁 등의 지정학적 리스크 같은 돌발적인 사태가 발생하면 '폭락'이 일어나기도 합니다. 과거 사례로는 1929년의 세계 대공황, 1990년대 초 일본 경제 버블 붕괴, 2000년 미국 IT 버블 붕괴, 2008년 세계 금융위기인 리먼 사태 등이 있습니다.

폭락 국면에서는 거의 모든 주가가 대폭 하락하고 회복에 상당한 시간이 걸립니다. 닛케이지수를 기준으로 보면 1989년 말 38,915엔을 기록했고, 2008년 리먼 사태 당시 7,054엔까지 약 20년에 걸쳐 82%나 하락했습니다. 정말 무서운 일입니다. 하지만 개별 종목을 살펴보면 상황이 다릅니다. 경우에 따라서는 **저점을 기록한 후 몇 년 만에 상장 이래 최고치를 기록한 종목도 있습니다.**

투자가는 주가가 폭락하면 세계 경제 전체가 무너진다고 생각하는 경향이 있습니다. 물론 리먼 사태처럼 충격이 큰 사태는 여러 국가의 경제에 일시적인 침체를 불러올 가능성이 있습니다. 하지만 그 와중에도 **세상 사람들은 매일 식사를 하고, 일을 하고, 여가를 즐기며 일상을 살아갑니다.** 개발도상국이나 다른 지역도 마찬가지입니다. 일부 극단적인 사례를 제외하면 기본적인 생활은 큰 변화 없이 유지됩니다.

한때 전 세계가 코로나 사태로 인해 많은 제약과 어려움을 겪었습니다. 그럼에도 사람들은 각자의 방식으로 삶을 이어갔습니다. 그 뒤에는 제품을 공급하고 서비스를 제공하는 수많은 기업들이 존재합니다. 비즈니스는 어떤 상황에도 멈추지 않고 계속 움직이고 있는 것입니다. 주가는 하락할 때는 일제히 하락하지만 회복할 때는 경쟁력 있는 기업의 주가부터 상승하기 시작합니다.

그렇습니다. 주가가 하락했을 때야말로 기본으로 돌아가야 합니다. 세계 경제가 흔들리더라도 수요 있는 상품이나 서비스를 제공하는 기업은 성장할 수 있습니다. 인구가 감소하는 일본에서도 소비자의 기호를 정확히 파악하고 대응하는 기업은 여전히 최고 실적을 경신하고 있습니다. **만약 이런 기업들이 전체적인 주가 폭락으로 급락한다면, 그 순간이야말로 중장기 투자자들에게 하늘이 내려준 절호의 매수 기회일지도 모릅니다.** 주가 폭락은 분명 힘든 상황이지만, 그 순간을 기회로 삼는 시각과 자세야말로 투자자에게 꼭 필요한 자질입니다.

제가 지금까지 지켜본 기업 중에서 이러한 기준에 부합할 만한 기업들을 선정했습니다. 이 책에 자주 등장하는 기업들도 포함되어 있습니다.

예시 | 장기 보유할 만한 우량 종목

유니참(8113)
주력 제품은 종이 기저귀와 생리용품. 보급률이 낮은 신흥국 시장에 진출해 시장을 개척. 선진국에서는 고부가가치 제품으로 수익 창출

엠쓰리(2413)
의료 정보 사이트를 통해 의사들에게 신약 정보 제공. 일본 의사들을 플랫폼에 유치하고 이 비즈니스 모델을 해외로 확대. 세계 600만 명의 의사 네트워크 구축

진스 홀딩스(3046)
안경 체인 'JINS' 운영. 세계적으로 드문 안경 SPA(제조 및 소매) 모델 전개. 해외 시장에도 점진적으로 진출

다이킨공업(6367)

에어컨업계 선두기업. 고성능 인버터 기술 분야에서 강한 경쟁력 보유.
M&A를 활용해 해외 시장 개척

깃코만(2801)

간장업계 1위. 북미 등 해외 시장을 잇달아 개척. 일본 조미료를 현지에 출시
해 시장에 침투. 매출의 절반 이상이 해외에서 발생

니혼코덴(6849)

의료용 전자기기 전문 제조업체. 생체 정보 모니터 분야에서 두각을 나타냄.
해외 진출 시 유지보수 부문도 함께 진출해 현지에서 신뢰도 확보에 유리

니토리 홀딩스(9843)

가구·인테리어 SPA기업. 2022년 2월 기준 35년 연속 매출·이익 증가. '가격
그 이상' 전략으로 소비자의 니즈를 지속적으로 공략

테루모(4543)

의료기기업계 선두기업. 카테터 등 심혈관 분야 특화. 일본 최초의 재생의료
제품 보유. 의약품 제조 위탁 등 다양한 분야로 사업을 확장하며 지속적으로
성장 중

일본전산(6594)

HDD용 정밀 소형 모터 제조에서 출발해 산업용 중·대형 모터로 사업 전환.
현재는 EV 구동용 모터에 주력. M&A를 통해 성장 추구

린나이(5947)

가스기기업계의 선두기업. 일본의 고성능 가스 온수기를 해외 시장에 공급.
주방기기 분야에서도 우위를 차지. 코로나19 팬데믹을 계기로 일본 내 가스
의류 건조기 수요도 확대

제 **2** 장

중장기 투자의 5가지 매력

오너가 되어 '개인 자산'을 구축한다

이번 장에서는 주식 투자, 특히 중장기 투자의 메리트를 정리 해봤습니다. 메리트는 총 5가지입니다(39페이지 자료 참조).

우선 첫 번째는 **'오너로서 개인 자산을 구축하는 것'**입니다.

조금이라도 야망이 있는 사람이라면 아마 한 번쯤은 '창업'을 꿈꿔봤을 것입니다. 자신이 구상한 비즈니스로 세상을 조금이라도 더 좋게 만들고 싶은 사람도 있고, 언젠가는 회사를 상장시키고 싶다는 포부를 가진 사람도 있을 것입니다.

하지만 창업은 그렇게 쉬운 일이 아닙니다. 아무 기반 없이 동료를 모으고 사업을 키워나가려면 수많은 어려움과 끊임없이 마주해야 합니다. 직원 수가 10명 정도일 때는 한마음으로 하나의 목표를 향해 움직이지만, 인원이 늘어날수록 다양한 사람들이 모이면서 조직 운영에 문제가 생기거나, 사업에 필요한 자금을 조달하는 데 어려움을 겪는 등 수많은 난관을 헤쳐나가야 합니다. 그 험난한 과정을 거친다고 해도 사업이 성장궤도에 오를 거라는 보장은 어디에도 없습니다. 애초에 주식을 상장할 수 있는 회사는 극히 일부에 불과합니다.

하지만 그렇게 고생하지 않고도 회사의 오너가 되는 방법이 있습니다. 이미 짐작하셨겠지만, 상장 기업의 주식에 투자하면 됩니다. 오늘날 **자산가가 되는 가장 확실한 방법은 회사를 창업해 상장시키는 것이라고 합니다.** 실제로 창업자는 그 회사의 주식 대부분을 보유하고 있습니다. 상장 시에는 주식을 공모하거나, 경우에 따라서는 창업자가 보유한 주식의 일부를 직원이나 임직원에게 배분하기도 합니다. 그럼에도 불구하고 창업자는 여전히 발행 주식의 상당 지분을 유지하고 있습니다.

주식을 상장하면 그 주식에 가격이 매겨집니다. 예를 들어, 패스트리테일링의 야나이 타다시(柳井正) 회장이 보유한 자사 주식 수는 2,203만 7,000주입니다. 1주당 주가는 약 95,000엔이므로 단순 계산만으로도 약 2조 935억 1,500만 엔에 달합니다. **주**

중장기 투자의 5가지 메리트

① 기업 오너로서 '개인 자산'을 구축할 수 있다.
② 수익을 내는 기업으로부터 '배당금'을 받을 수 있다.
③ '주주 우대'로 자신과 가족 모두에게 즐거움을 준다.
④ '주주총회'는 일과 본업의 자양분이 된다.
⑤ 개별 주식 투자는 은퇴 후 '배움과 즐거움'이 된다.

식만으로 2조 엔이 넘는 셈입니다. 물론 야나이 회장은 예외적인 사례일 수 있지만, 주식을 상장하고 비즈니스를 성장시키면 이처럼 엄청난 폭발력으로 개인 자산을 키울 수 있다는 좋은 예입니다.

물론 그런 성공을 실현할 수 있는 사람은 정말 극소수에 불과합니다. 하지만 패스트리테일링처럼 성장 가능성이 있는 기업의 주식에 투자한다면, 그 기업의 성장과 함께 여러분의 자산도 증가할 것입니다. 물론 보유 주식 수는 창업자와 비교도 되지 않는 만큼 절대적인 금액 차이는 클 수밖에 없지만, 비율로 따지면 똑같이 자산을 불릴 수 있습니다. 패스트리테일링은 1994년에 상장했습니다. 상장 시장은 히로시마 증권거래소였으며, 상장 첫날 시초가는 14,900엔이었습니다.

패스트리테일링(9983) 월봉 차트

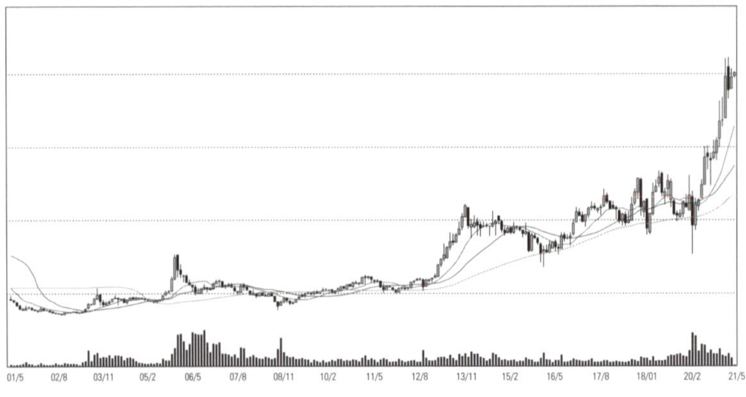

구축 단위(가격)는 생략. 출처 : i-Chart

참고로 현재 히로시마 증권거래소는 증권거래소 통폐합 과정에서 도쿄 증권거래소 2부 시장에 흡수되었습니다. 패스트리테일링은 1994년 상장 이후 총 6차례에 걸쳐 주식 분할을 실시했습니다. 주식 분할이란, 예를 들어 기존의 1주를 2주로 나누는 방식으로, 주가가 일정 수준 이상 상승했을 때보다 많은 투자자들이 매수할 수 있도록 진입장벽을 낮추기 위해 시행됩니다.

자세한 계산 과정은 생략하겠지만, 패스트리테일링이 총 6회의 주식 분할을 실시한 결과, 상장 당시 투자한 사람의 주식 수는 기본 1주에서 14.52주로 증가했습니다. 즉, 상장 직후 매수한 주식을 계속 보유하고 있었다면 보유 주식 수가 14.52배로 늘어난 셈입니다. 상장 당시 14,900엔에 100주를 매수했다면, 투자 금액은 149만 엔입니다.

그렇다면 현재 이 투자 금액은 어떻게 변했을까요. 먼저 주식 수는 6회의 분할을 거쳐 100주가 1,452주로 증가했습니다. 그리고 현재 주가는 1주당 95,000엔이므로 총자산은 **1억 3,794만 엔**에 달합니다. 초기 투자 금액 149만 엔이 1억 3,794만 엔으로 증가한 것입니다. 정말 놀라운 결과입니다. 게다가 이 회사는 '배당금'도 크게 늘었기 때문에, 보유 주식 수의 증가와 맞물려 매년 받는 배당금 규모도 놀라울 만큼 커졌을 것입니다.

아마도 야나이 회장은 패스트리테일링을 이만큼 성장시키기까지 엄청난 고생을 했을 것이며, 그만큼 큰 리스크도 감수했을 것입니다. 결코 아무나 할 수 있는 일은 아닙니다. 하지만 주식 투자는 자금만 있으면 누구나 참여할 수 있습니다. 상장한 지 얼마 되지 않은 기업의 주식에 투자해서 장기 보유하면, 그중 패스트리테일링처럼 크게 성장하는 회사도 나타날지 모릅니다. 그런 회사를 찾아 투자하면 **야나이 회장처럼 창업부터 상장까지의 고생을 겪지 않고도 성장기의 '이점'을 함께 누릴 수 있습니다.**

물론 모든 회사가 패스트리테일링처럼 성공하리라는 보장은 없습니다. 앞으로 경쟁사의 부상이나 시장의 변화로 인해 어려운 상황에 처할 수도 있습니다. 만약 투자한 기업이 도산할 경우, 투자한 자금을 대부분 잃게 될 수도 있습니다. 그러나 투자자는 유한책임이라는 원칙 덕분에, 자신이 투자한 자금을 초과하는 손실까지는 책임을 지지 않아도 됩니다. 반면 경영자는 상황이 다릅니다. 자신의 기업이 도산할 경우, 재산을 대부분 잃을지도 모르는 위험을 감수해야 합니다. 이 점은 야나이 회장도 예외는 아닙니다. 그만큼 경영자는 큰 리스크를 감수해야 합니다.

즉, **투자자는 책임은 유한한 반면 이익은 무한대**입니다. 투자한 회사가 계속 성장한다면 배당금은 점점 늘어나고, 주가 상승에 따른 이익도 함께 기대할 수 있습니다. 개인이 직접 창업하는 것은 매우 어려운 일이지만, 성장하는 기업의 주식에 투자해 그 기업의 주주가 되면 창업자만큼은 아니더라도 그에 준하는 수익을 얻을 수 있습니다.

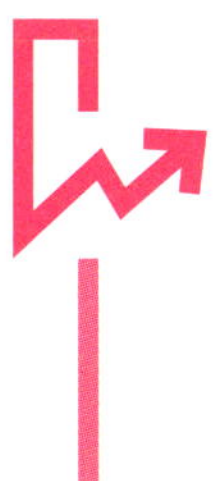

투자처에 돈을 벌게 해서 '배당금'을 받는다

주식 투자를 통해 투자자가 얻을 수 있는 수익은 기본적으로 2가지입니다. 하나는 주가 상승으로 얻는 매매차익, 그리고 또 하나는 '배당금'입니다.

아마도 대부분의 사람들은 '주식 투자 수익' 하면, 가장 먼저 매매차익을 떠올릴 것입니다. 주식 투자를 하다 보면 '한 달 만에 주가가 2배가 되었다'라거나 '내가 투자한 종목이 텐배거를 달성했다'라는 이야기를 여기저기서 자주 듣게 됩니다. 이러한 사례는 모두 매매차익을 가리키는 것입니다. 참고로 텐배거(Tenbagger)는 주가가 10배 이상 상승한 종목을 의미하는데, 이 용어는 야구에서 '루타'를 뜻하는 속어 '배거(bagger)'에서 유래되었습니다.

단기간에 10배 상승을 노릴 수 있다는 점에서 주식 투자의 묘미 중 하나가 매매차익에 있다는 점은 부정하지 않겠습니다. 다만 주가 상승으로 얻는 이익은 기업이 실제로 벌어들인 이익에서 나오는 것이 아닙니다.

주가는 주식 시장에서 거래하는 많은 투자자의 기대와 심리에 따라 움직입니다. 사고자 하는 투자자가 많으면 주가는 오르고, 팔고자 하는 투자자가 많으면 주가는 하락합니다. 그 결과, 기업 실적이 사상 최고치를 경신했는데도 투자 심리에 따라 매도세가 늘어나 단기적으로 주가가 하락하는 경우도 있습니다.

그래서 수많은 투자자들은 항상 정보에 민감하게 촉각을 세우고 주가가 상승할 기회를 엿보고 있습니다. 그러나 결론부터 말씀드리자면, **주가 상승으로 얻는 매매차익은 해당 기업이 실제로 벌어들인 이익 그 자체가 아닙니다.** 투자자들의 서로 다른 투자 전망과 판단이 시장에서 충돌하며 수요와 공급의 균형이 깨지고, 그 변화로 인해 주가가 형성되는 것입니다. 이러한 주가가 기업의 실제 가치와 얼마나 일치하는지는 상황에 따라 다릅니다. 때로는 기업 가치가 과대평가되기도 하고, 반대로 과소평가되는 경우도 있습니다.

그에 비해 배당금은 어떤 재원을 바탕으로 지급되는지 그 근거가 명확합니다. 배당금은 기업의 세전 당기이익에서 법인세, 소득세, 사업세를 차감한 후 남은 '당기순이익'의 일부를 재원으로 삼아 지급됩니다.

주주는 법적으로 3가지 권리를 보장받습니다. 바로 '배당을 받을 권리', '주주총회에서 의결권을 행사할 권리', '잔여재산을 분배받을 권리'입니다. 이 3가지 권리 어디에도 '주식 매매차익을 얻을 권리'는 명시되어 있지 않습니다. 즉, 주주가 됨으로써 얻을 수 있는 수익 중 핵심은 '배당'이며, 매매차익은 어디까지나 부차적인 수익에 불과합니다. 장기 투자자로서 기업의 안정적인 주주가 되어 그 기업이 벌어들인 이익의 일부를 배당금으로 받는 것. 이것이 바로 주식 투자의 본질입니다.

연속 증배 기업에서 배당금을 눈덩이처럼 불리기

배당은 주가 상승에 비해 다소 소박해 보일 수 있어 관심을 두지 않는 투자자들도 있습니다. 하지만 실은 장기 투자 관점에서 자산을 형성하는 데 상당한 영향을 미칩니다. 예를 들어, 현재 주가가 1,000엔이고 배당금이 1주당 20엔인 기업이 있다고 가정해봅시다. 배당수익률은 2%입니다. 이 회사가 매우 우수해서 매 분기 증배를 하는 기업이라면 배당수익률은 점점 높아지게 됩니다.

예를 들어, 유니참(8113)은 연속 증배 회사로 유명합니다. 2002년 3월 결산기의 연간 배당금은 1주당 20엔이었습니다. 이후 주식 분할을 고려한 증배가 이어져 2020년 12월 결산기(도중에 결산기를 변경)의 연간 배당액은 1주당 32엔으로 증가했습니다.

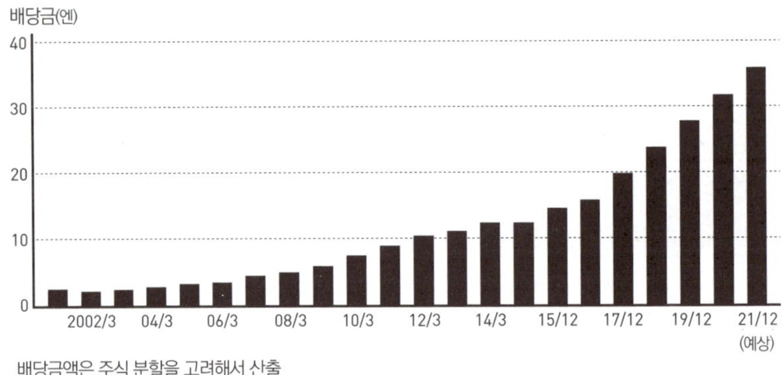

배당금액은 주식 분할을 고려해서 산출

참고로 이 회사의 주가는 2002년 3월 말 기준으로 3,710엔이었습니다. 3,710엔에 20엔의 배당이 지급되었으므로 배당수익률은 0.53%입니다. 상당히 낮은 편이죠.

이 회사는 2010년과 2014년에 각각 1주를 3주로 분할하는 주식 분할을 실시했습니다. 따라서 2002년 3월 말에 100주를 보유했던 투자자는 현재 900주를 보유하고 있는 셈입니다. 이를 기준으로 계산하면, 900주×32엔=28,800엔. 매수 가격이 3,710엔(투자 금액은 37만 1,000엔)이므로 28,800엔÷37만 1,000엔×100=7.76%=(배당수익률)입니다.

즉, 초기 배당수익률은 1%에도 미치지 못했지만, **주식을 계속 보유하고 있었다면 현재는 7.76%의 배당수익률을 기록하게 되는 것입니다.** 이 정도면 금융상품으로서도 충분히 매력적이고 굳이 매도할 이유가 없어 보입니다. 설령 주가가 20% 정도 하락하더라도 크게 신경 쓰지 않고 계속 보유할 수 있지 않을까요. 실적이 크게 악화된 것도 아닌데 시장의 투자 심리로 인해 주가가 크게 하락하는 경우가 있습니다. 우량기업도 예외는 아닙니다. 하지만 이는 배당수익률을 기준으로 투자하는 장기 투자자에게는 오히려 포트폴리오의 수익률을 개선할 절호의 기회가 될 수 있습니다.

주가가 하락하면 배당수익률은 상승한다

배당수익률을 기준으로 주식에 투자하는 경우 오히려 주가 하락을 반길 수도 있습니다. 예를 들어, 미쓰비시상사의 2021년 3월 결산기 예상 배당금은 1주당 134엔입니다. 4월 30일 기준 주가는 3,020엔이므로 배당수익률은 4.43%. 그런데 만약 주가가 2,000엔으로 급락한다면, **배당금이 변하지 않는다는 전제하에 배당수익률은 6.7%로 상승합니다.** 참고로 아베노믹스가 시작되기 직전인 2012년 12월 말, 주가는 1,647엔이었습니다. 만약 주가가 다시 이 수준까지 떨어진다면 **배당수익률은 무려 8.13%에 달하게 됩니다.**

물론 주가가 급락한다는 것은 경기가 악화되어 기업 실적이 저조해질 위험이 있다는 뜻일 수도 있습니다. 실적이 부진하면 배당금이 줄어드는 '감배(減配)'가 발생할 수 있기 때문에, 이

주가와 배당금의 관계

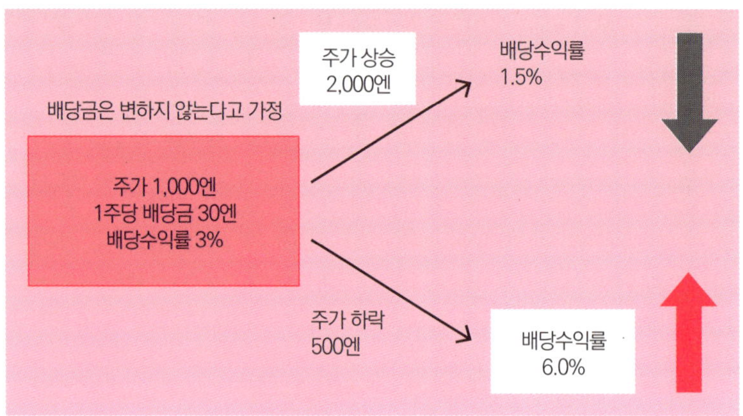

론적으로 기대했던 만큼 배당수익률이 개선되지 않을 수도 있습니다.

　실제로 '모두의 주식'이라는 사이트에서 배당수익률 순위를 확인해봅시다(2021년 2월 12일 기준). 대기업 중에서는 **JT(2914)**가 7.89%라는 높은 배당수익률을 기록하고 있었지만, 이후 감배를 발표했습니다.

　이 회사의 매출 구조를 살펴보면, 국내 담배사업 25%, 해외 담배사업 64%, 의료사업 4%, 가공식품사업 7%입니다. 신흥국에서는 여전히 담배 수요가 존재하지만, 해외와 국내 담배사업 모두 전년 대비 판매량이 감소하고 있습니다. 전 세계적으로 건강에 관한 관심이 높아지는 가운데, 담배사업은 국내외를 막론하고 쇠퇴할 가능성이 큰 산업입니다.

즉, JT는 쇠퇴산업으로 볼 수도 있습니다. 물론 의료사업과 가공식품사업도 운영하고 있지만, 매출 비중이 작아 담배 사업 감소를 보완할 정도는 아닙니다. JT의 연결 기준 배당 성향을 보면, 2021년은 무려 96.1%로 예상됩니다. 배당 성향이란 세후 당기순이익 중 배당금으로 지급되는 비율을 뜻합니다. 즉, 배당 성향이 96.1%라는 것은 세후 당기이익의 대부분을 주주들에게 배당금으로 돌려준다는 의미입니다. 최근 발표된 결산에 따르면, 2021년 12월기의 배당은 전기 대비 24엔 감소한 130엔으로 조정할 방침이라고 합니다. 앞으로는 배당 성향을 75% 수준으로 낮출 계획으로 보입니다.

배당을 노리는 투자에서 중요한 것은 앞서 살펴본 유니참처럼 기업이 성장하고, 그에 따라 배당금도 장기간에 걸쳐 꾸준히 증가하는 것입니다. **자산을 늘리기 위해서는 투자 대상 기업의 성장성을 정확하게 파악하는 것이 무엇보다 중요합니다.**

자신도 가족도 기쁜
'주주 우대'

주주 우대란, 주식을 보유한 투자자에게 '우리 주식을 보유해주셔서 감사합니다'라는 뜻으로 회사에서 자사 제품이나 서비스를 제공하는 제도입니다. 배당금과 함께 주주가 되어 얻을 수 있는 이익의 일종으로, 주주 우대를 금액으로 환산해 배당금과 합산한 수익률을 '종합수익률'이라고 합니다. 일부 매체에서는 이 종합수익률을 기준으로 종목 랭킹을 매기기도 합니다.

그렇다면 주주 우대는 투자 종목을 선택하는 기준이 될 수 있을까요? 이에 대해서는 찬반양론이 존재합니다. 일부 투자자들은 '주주 우대는 무의미하다', '그런 혜택을 줄 바에는 차라리 배당금을 올려주는 것이 낫다'라고 주장합니다. 실제로 주주 우대 제도를 운영하는 기업은 거의 일본에만 존재하며, 해외 기업 중에서 이 제도를 도입한 사례는 극히 드뭅니다.

현재 일본에서는 1,500곳이 넘는 상장 기업이 주주 우대를 실시하고 있습니다. 일본 전체 상장 기업 수가 약 3,700사임을 고려하면, 절반에는 미치지 못하지만 그래도 상당수의 회사가 이 제도를 운영하고 있는 셈입니다.

중장기 투자를 전제로 할 경우, 기본적으로 주주 우대는 투자 종목을 선택하는 판단 기준이 될 수 없습니다. 주식 투자는 어디까지나 회사의 성장 가능성을 보고 투자하는 것입니다. 회사에서 제공하는 상품이나 서비스를 받고 싶어서 주식에 투자하는 것은 주객이 전도된 행위입니다.

하지만 아직 주식 투자 경험이 없는 사람에게는 **주주 우대 제도가 투자에 관심을 갖는 계기가 될 수도 있습니다.** 기업 입장에서도 개인 투자자를 유치하기 위한 수단으로 이 제도를 도입하는 경우가 많습니다. 실제로 주주 우대를 통해 어떤 혜택이 제공되는지 살펴보면 꽤 흥미로운 내용이 많습니다. '고향세'[2]에 관심이 많고 즐겨 이용하는 사람이라면, 주주 우대 제도 역시 분명 매력적으로 느껴질 것입니다.

회사에 따라서는 자사 제품이나 서비스와 전혀 관계없는 상품을 주주 우대 혜택으로 제공하는 경우도 있습니다. 가장 대표적인 예는 QUO 카드[3]입니다. QUO 카드는 현금처럼 사용할 수 있어 실질적으로 배당금을 올리는 것과 유사한 효과가 있습

---

2) 고향세 : 고향 또는 임의의 지자체에 기부해서 그 기부금액을 실제로 거주하는 지자체에 신고함으로써 세금 공제 혜택을 받을 수 있는 제도다. - 역자 주
3) QUO 카드 : 일본에서 널리 사용되는 선불 기프트카드다. - 역자 주

니다. 이 때문에 빠르게 개인 주주를 확보하려는 기업들이 주주 우대 혜택으로 QUO 카드를 제공하는 경우가 많습니다. 자사 제품을 활용하는 경우, 출시 전 상품을 주주에게 선물하고 설문 조사를 통해 마케팅에 활용하는 경우도 있습니다.

세계적인 건설기계 제조사 **코마츠 제작소(6301)**의 사례도 흥미 롭습니다. 이 회사는 자사의 주식을 300주 이상 보유하고, 동시 에 3년 반 이상 장기 보유한 주주에게 자사 중장비를 모델로 만든 오리지널 미니카를 선물합니다. 물론 이 미니카는 비매품입니다.

코마츠 제작소의 오리지널 미니카는 제법 괜찮은 아이디어라 고 할 수 있습니다. 다만 일반적으로 B2B 기반의 기업들은 애초 에 주주 우대 제도를 운영하지 않는 경우가 많습니다. 설령 운 영한다고 해도 제조업체의 경우 대부분 자사 공장 견학 기회를 제공(대부분 추첨제)하는 것이 일반적입니다.

주주 우대는 혜택이 직접적으로 전달되는 제도인 만큼, 주식 투자에 처음 입문하는 계기로 삼기에는 충분히 좋은 방법이라 고 생각합니다. 실제로 주주 우대를 계기로 공부를 시작해서 장 기적인 안목을 지닌 투자자로 성장한 사례도 적지 않습니다.

제 지인의 예를 들자면, 아내가 남편에게 **"주주 우대 때문에 보 내주는 그 쌀, 맛있더라. 다음엔 언제 보내준대?"**라고 물어볼 만큼 만 족도가 높았다고 합니다. 덕분에 가족들도 투자에 긍정적인 인 식을 갖게 되었고, 결국 주식을 쉽게 처분할 수 없어서 자연스 럽게 장기 보유로 이어졌다고 합니다.

일본은 아직까지 개인 금융자산에서 주식이나 투자신탁이 차지하는 비중이 다른 선진국에 비해 낮은 수준입니다. 주주 우대가 투자를 시작하는 계기가 될 수 있다면, 저는 이 제도를 충분히 긍정적으로 평가하고 싶습니다.

일해보고 싶었던 회사, 자녀가 입사했으면 하는 회사에 투자해라

가족들이 반기는 주주 우대 덕분에 주식을 장기 보유하게 된 것처럼, 투자 종목을 고를 때 '자녀를 입사시키고 싶은 회사인가'를 기준으로 삼는 것도 좋은 방법입니다.

예를 들어, 자녀가 현재 3살이라면 대학 졸업 후 회사에 입사하기까지는 약 20년의 세월이 있습니다. 그렇다면 20년 후 자녀가 이 회사에 입사한다고 가정했을 때, 그 회사의 업무나 회사 자체에 자부심을 느끼고, **실적이 우수하며, 미래 전망도 밝고, 급여도 꾸준히 오를 수 있는 회사인지를 생각해보는 것입니다.** 이런 기준으로 회사를 바라보면 단기적인 시각에 얽매이지 않고 장기적인 관점에서 종목을 선별할 수 있습니다. 만약 그런 회사를 발견한다면 투자를 고려해보는 것도 좋지 않을까요.

물론 자신이 일해보고 싶었던 회사의 주식을 사는 것도 하나의 방법입니다. '저 회사에 취직하고 싶었는데…'라고 생각했던 이유는 아마도 그 회사의 기업 문화, 대우, 브랜드 파워, 주변 사람들의 평가, 실적 등 다양한 측면에서 '좋은 회사'라고 느낄 요소가 많았기 때문일 것입니다. 이러한 관점은 투자처를 판단할 때도 똑같이 적용됩니다. 진학이나 취업에는 늘 '시험'을 비롯해 저마다 장벽이 존재합니다. 가고 싶다고 해서, 들어가고 싶다고 해서 반드시 원하는 학교나 회사에 들어갈 수 있는 것은 아닙니다. 특히 유명한 대기업쯤 되면 입사 자체가 매우 어려운 일입니다.

하지만 상장 기업의 주식은 다릅니다. **주식은 누구에게나 동일한 조건으로 열려 있는** 매우 평등한 투자 수단입니다. 정말 굉장하지 않습니까. 투자를 결정하는 이유는 그 회사의 주가가 앞으로 상승할 것이라는 기대감 때문입니다. 주가가 상승하려면 그 회사가 '좋은 회사'라고 평가받을 수 있는 요소를 갖추고 있어야 합니다. 이러한 요소가 많을수록 주가는 상승할 가능성이 큽니다. 실적이 좋고 강력한 브랜드 파워를 지닌 회사, 경쟁사를 압도하는 시장 점유율을 자랑하는 회사, 아직 규모는 작지만 다른 회사는 따라 할 수 없는 독보적인 기술력을 보유한 회사 등이 그러합니다.

실제로 2020년 3월에 발생한 코로나 사태 당시, 많은 기업의 주가가 단기간에 급락했습니다. 그러나 앞서 말씀드린 조건을 갖춘 우량기업의 주가는 오히려 **코로나 이전 수준을 뛰어넘어 크게 상승했습니다.** '이 회사에 입사해서 일해보고 싶었다'라는 감정은 장래 유망한 회사를 찾을 때 효과적인 판단 기준이 될 수 있습니다.

'주주총회'에 참석해서 견문을 넓힌다

다소 뜬금없는 질문이지만, **직원과 주주 중 누가 더 높을까요?**

도쿄증권거래소 1부(2022년부터는 프라임 시장)에 상장된 기업은 일본 전체에서도 극소수의 선택받은 기업들입니다. 그곳에서 일하는 직원들 역시 모두 뛰어난 인재들이겠죠. 그러나 자본주의 사회에서는 직원보다 주주의 지위가 더 높습니다. 회사의 최고 의사결정 기관은 바로 주주총회이기 때문입니다.

주식에 투자해서 주주가 되면 '주주총회'에 참석할 권리를 얻게 됩니다. 주주총회는 '기준일'이라는 특정 시점에 주주명부에 등재된 사람을 주주로 인정하고, 이들에게 주주총회 참석 자격과 배당금, 주주 우대 혜택을 받을 권리를 부여합니다.

일본 기업은 대부분 3월 결산을 채택하고 있기 때문에, 3월 말까지 주주로 등재되어야 주주로서 권리를 가질 수 있습니다. 회사법에 따라 주주의 권리는 기준일로부터 3개월 이내에 행사해야 하므로, 3월 결산 기업의 주주총회는 주로 6월에 열립니다.

상장 기업 3,700여 곳 중 대부분이 3월 결산 기업이다 보니 주주총회 개최일이 겹치는 경우도 많습니다. 평일에 열리는 경우도 있어서 개인 주주들은 대부분 참석하지 않지만, 참석하면 투자 기업에 대해 많은 것을 알 수 있습니다. 가장 큰 장점은 경영진을 직접 만날 수 있다는 점입니다. 사장이 주주총회 의장을 맡는 경우가 많아, 1년간의 실적이나 향후 전략을 직접 들을 수 있습니다. 보유 주식 수에 따라 의결권을 행사할 수도 있고, 경영진에게 직접 질문하는 시간도 마련되어 있습니다. **유명한 경영자를 직접 만날 수 있다는 것 또한 주주총회만의 특별한 경험입니다.**

회사에 따라서는 주주총회가 끝난 후 직원과 주주가 친목을 나누는 자리를 마련하기도 합니다. 이때는 경영진의 생생한 이야기를 직접 들을 수 있는 절호의 기회입니다. 반면, 여전히 형식적인 회의 운영에만 집중하고, 개인 주주를 홀대하는 기업도 있습니다. 이런 기업은 투자 판단을 신중히 재고(再考)해보는 것이 좋습니다.

주주총회는 아니지만, 예전에 한 외식업체의 주주간담회에 참석한 적이 있습니다. 그 자리에서 한 개인 투자자가 사장에게 "긴자 그 자리는 입지가 참 좋던데 한번 검토해보시면 어떨까요?"라고 비교적 편하게 말하는 장면을 봤습니다. 그는 외식 관련 기업 주식만 수십 종목을 보유하고 있다고 합니다. 이처럼 자신의 의견을 직접 경영진에게 전달할 수 있는 것도 주주의 특권입니다. 특히 B2C 기업에서는 이런 모습을 더욱 자주 볼 수 있습니다.

다만 주주총회에 참석하려면 단원주 이상을 보유하고 있어야 합니다. 앞서 말씀드린 것처럼, 최근에는 1주 투자 등 단원 미만 주식을 취급하는 증권사가 늘고 있지만, 단원 미만 주식은 정식 주주로 인정받는 1단원의 주식 수를 충족하지 못하기 때문에 주주총회에 참석할 수 없습니다. 단원 미만 주식으로 주주가 되더라도 극히 일부 기업의 주주 우대 혜택을 제외하면 받을 수 있는 것은 배당금뿐입니다.

온라인으로도 만날 수 있는 IR 페어

주주총회와는 별개로, 아직 주주가 아닌 사람도 기업의 IR 담당자나 임원과 직접 대화할 기회가 있습니다. 바로 'IR 페어'라는 행사입니다. 이벤트 회사가 투자자를 모집하고 상장 기업이 IR(투자자 대상 홍보)의 일환으로 기업설명회를 여는 것입니다. 대형 행사장에 많게는 100개가 넘는 기업들이 모여 크고 작은 무대에서 기업설명을 진행합니다. 참가 기업은 개별 부스를 설치하고 **사장이나 임원, IR 담당자로부터 업계 최신 트렌드와 동향을 직접 들을 수 있는 기회를 제공합니다.**

다만 2020년 이후 코로나바이러스 확산으로 인해 이러한 대규모 오프라인 행사는 불가피하게 중단되었습니다. 언젠가 부활할 가능성도 있지만, 최근 재택근무가 보편화되면서 '굳이 대형 행사장을 빌리지 않아도 온라인으로 충분하지 않을까?'라는 인식이 확산되고 있습니다. 이로 인해 대규모 IR 페어는 앞으로 점차 줄어들지도 모릅니다. 실제로 온라인 개최는 늘어나는 추세이며, 이런 대규모 행사는 분명 하나의 전환점을 맞고 있습니다.

최근에는 온라인을 활용한 IR 활동도 활발해지고 있습니다. 많은 상장 기업이 **결산 발표 등 IR 콘텐츠를 영상으로 제작해 배포**하고 있으며, 행사장에 직접 가지 못하더라도 기업 홈페이지의 'IR' 섹션에서 이 영상들을 시청할 수 있습니다. 홈페이지에 공개된 자료이기 때문에 주주가 아니어도 자유롭게 볼 수 있어 편리합니다. 투자 종목을 선택할 때 이런 콘텐츠를 참고 자료로 활용해보는 것도 좋은 방법입니다.

<h2 style="text-align:center;color:red">개별 주식 투자는 '본업'에도
도움이 된다</h2>

주식 투자를 통해 얻을 수 있는 배움은 주주총회나 IR 정보에만 국한되지 않습니다. 비즈니스 서적 한 권을 읽는 것보다 실제로 주식을 보유하는 편이 비즈니스 공부에 훨씬 도움이 됩니다. 무엇보다 **투자한 기업과 그 기업을 둘러싼 환경에 관한 관심이 크게 높아집니다.**

예를 들어, 토요타 자동차 주식에 투자했다고 가정해봅시다. 토요타 자동차의 주가는 2020년 3월 코로나 사태로 5,771엔까지 하락했습니다. 그 직전 최고가는 2020년 2월에 기록한 8,026엔이었습니다. 무려 28%나 하락한 셈입니다. 그러나 2021년 2월에는 다시 2020년 2월의 고점을 돌파했습니다.

만약 자신이 토요타 자동차 주식에 투자했고 최근 주가가 이처럼 크게 상승했다면, 당연히 그 원인이 궁금해질 것입니다. 실제로 관심을 갖고 살펴보면, 2021년 2월 들어 여러 호재성 뉴스가 쏟아졌다는 사실을 알 수 있습니다. 2월 4일에는 '**2021년 1~12월 세계 생산량이 전년 실적 대비 17% 증가한 920만 대로 사상 최대 규모가 될 것**'이라는 보도가 있었고, '**중국 신차 판매량이 10개월 연속 전년 실적을 웃돌며 1월에는 월간 판매량 기준으로 사상 최고치를 기록했다**'라는 뉴스도 있었습니다. 또한 '**이번 분기 연결 순이익 전망을 1조 9,000억 엔으로 상향 조정했다**'라는 발표도 있었습니다.

주식을 보유하지 않았다면 이런 뉴스에 관심조차 두지 않았을지도 모릅니다. 하지만 일단 투자하고 나면 이런 소식에 무관심할 수 없게 됩니다. 필연적으로 개별 기업의 동향이나 업계 동향, 또는 일본 은행이나 미국 연방준비은행(FRB)의 금융정책 같은 거시경제에도 관심이 확장됩니다. 무엇보다 자신의 소중한 자산이 걸려 있는 만큼 관심을 가질 수밖에 없습니다.

“일은 재미없지만, 생계를 위해 어쩔 수 없이 회사에 다닌다” 라는 분들께 저는 주식 투자를 강력하게 추천하고 싶습니다. 주식 투자를 하면 비즈니스에 관한 관심이 자연스럽게 높아질 뿐만 아니라, **거래처나 경쟁사의 주식을 보유하게 되면 그 회사를 더욱 깊이 분석하게 됩니다.** 그러다 보면 언젠가는 거래처나 경쟁사 동향에 정통한 직원으로 성장할 수도 있습니다. 또는 장래성 있는 업계나 유망한 비즈니스 모델을 가진 회사에 투자하고 그 회사를 꾸준히 지켜보는 과정에서 자신이 하는 일과 의외의 접점을 발견하고, 그것이 새로운 비즈니스 아이디어로 이어질 가능성도 있습니다. 어느 쪽이든 주식 투자는 단순히 자산을 불리는 데 그치지 않고 다양한 부수적인 혜택을 가져다줍니다.

'은퇴 후의 취미'로도 개별 주식 투자는 효과적이다

"젊을 때는 다소 리스크를 감수하고 자산 운용을 해도 괜찮지만, 정년을 맞이하면 가급적 리스크가 낮은 방식으로 운용해야 합니다."

이는 FP(재무 설계사) 등 자산관리 전문가들이 자주 하는 말입니다. 물론 일리는 있습니다. 정년퇴직하면 회사에서 받던 급여는 끊깁니다. 물론 그 대신 공적연금을 받을 수 있지만, 연금 수령액은 회사 급여처럼 실적이 좋다고 해서 늘어나지 않습니다. 기본적으로 거의 일정한 금액만 지급됩니다. 그런 상황에서 주식 투자에 실패해 자산이 크게 줄어든다면, 노후생활 전반을 다시 설계해야 하는 상황에 부닥칠 수도 있습니다.

이것이 바로 "정년을 앞두면 점차 리스크 자산의 비중을 줄이고, 예금이나 채권처럼 비교적 원금 안정성이 높은 금융상품으로 자금을 옮겨야 한다"라고 주장하는 사람들의 논리입니다. 실제로 정년 이후 주식 투자 비율을 대폭 줄이거나 아예 0%로 만들면 분명 마음 편히 생활할 수 있을 것입니다. 어쨌든 가격이 하락하는 보유자산이 사라지는 셈이니까요.

하지만 정년 이후 사람들과의 교류가 줄어들고, 지정된 은행 계좌로 입금되는 공적연금을 정기적으로 인출해서 생활비로 사용하는 생활을 오랫동안 계속하다 보면, 자극 없는 일상에 싫증이 날지도 모릅니다. 현역 시절 평일에는 야근과 회식, 주말에는 골프 등 늘 누군가 곁에 있었던 사람이 정년을 맞이하자마자 인간관계가 끊기고, 삶의 보람을 느끼지 못하게 되었다는 이야기도 종종 들립니다. 그렇게 되지 않기 위해서라도 주식 투자는 은퇴 후 '효과적인 취미'가 될 수 있습니다.

무엇보다도 **주식 투자를 통해 사회와의 연결고리를 가질 수 있습니다.** 애초에 투자할 회사를 고르는 일 자체가 세상의 흐름을 읽지 못하면 불가능합니다. 또한 투자한 뒤에도 자신이 그린 시나리오가 맞는지 끊임없이 점검하고 검토해야 합니다. 그리고 앞서 말씀드렸듯이, 결산 후 3개월 이내에 주주총회가 개최됩니다. 정년을 맞아 시간이 여유로운 만큼 현역 시절보다 참석하기 수월할 것입니다.

최근에는 개인 투자자들끼리 모임도 있고, 증권사나 언론사, 증권거래소가 주최하는 IR 페어나 투자자 박람회 등도 자주 열립니다. 이런 행사에 적극적으로 참여하다 보면 새로운 친구가 생길 수도 있습니다. 어떤 회사는 주주를 대상으로 공장 견학을 기획하기도 합니다. **이처럼 주식 투자와 관련된 이벤트나 설명회가 많은 것은 그만큼 주식 투자가 위험성이 크다는 방증이기도 합니다.**

리스크가 크기 때문에 투자자 스스로 자신의 리스크 수용범위를 재확인하도록 유도하고, 주식 투자 본연의 위험성을 이해시키기 위해 증권사나 증권거래소 등에서 '투자 교육'이라는 이름으로 다양한 이벤트와 설명회를 개최하는 것입니다. 기본적으로 이런 행사들은 대부분 무료로 열리기 때문에, 주식 투자를 하는 사람이라면 적극적으로 참여하기를 권합니다.

이처럼 주식 투자는 다양한 사회적 연결고리를 만들어줍니다. 그렇기에 정년퇴직 후 자칫 집에만 머무르기 쉬운 은퇴 세대야말로, 소액이라도 좋으니 주식 투자를 계속 이어가셨으면 합니다. 실제로 제가 만나본 고령의 투자자 중에는 매우 활기차고 건강한 분들이 많았습니다.

장기 투자를 해야만 기업의 진정한 오너

지금까지 주식 투자의 매력에 관해 설명해드렸습니다. 서두에서도 언급했듯이 이 책은 데이 트레이더를 위한 매매기법을 다룬 책이 아닙니다. 저는 라디오 NIKKEI라는 라디오 방송국에서 시장 해설을 할 때도, 경제 저널리스트로 독립해서 잡지나 인터넷 매체에 원고를 기고하게 된 이후에도, 다루는 기업이나 주제는 기본적으로 펀더멘털 분석을 바탕으로 선택해왔습니다.

이 책을 선택하신 분 중에는 낮에는 본업에 종사하면서 주식 투자를 통해 어떻게든 자산을 늘리고자 고민하는 분들이 많을 것입니다. 따라서 이 책에서는 '**주식 투자=기업 오너가 되는 것**'을 메인 테마로 삼아 투자 대상 선정 방법을 설명하고자 합니다.

기업 오너가 되기 위해서는 장기적인 관점에서 투자 대상을 선택해야 합니다. 이렇게 말하면 "장기적이란 구체적으로 몇 년을 가리키는 건가요?"라는 질문이 나올지도 모릅니다. 이에 대한 명확한 답은 없습니다. 한 가지 말씀드릴 수 있는 것은 비즈니스 모델에 변동이 생기지 않는 한 '계속 보유할 수 있는 회사에 투자하는 것'입니다.

일본의 투자신탁회사 가운데 장기 투자 전문 펀드를 운용하는 펀드 매니저들은 "팔지 않아도 되는 종목에 투자한다"라고 공언합니다. 이것은 간단해 보이지만, 결코 쉬운 일이 아닙니다. 오랫동안 보유할 수 있는 회사를 고르려면, **그 기업이 치열한 경쟁 속에서도 꾸준히 승리할 수 있을지 판단해야 합니다.** 실적과 재무 상태가 좋은 것은 기본이고, 경쟁상대가 쉽게 따라올 수 없는 압도적인 우위를 갖추지 못하면 순식간에 경쟁력을 잃어버립니다.

그렇다면 **'압도적인 우위'**란 무엇일까요. 다음 장에서 자세히 설명해드리겠습니다.

제 3 장

승리하는 종목의 3가지 조건

세계 경제 발전에 기여하는 기업

이번 장에서는 5년, 10년 이상 중장기적으로 보유할 수 있는 기업의 조건에 대해 설명해드리겠습니다.

첫 번째 조건은 세계 경제 발전에 기여하는 기업, 다시 말해 **글로벌 무대에서 활약하는 기업**입니다.

잠시 과거를 되돌아봅시다. 연호가 헤이세이[4]로 바뀐 직후인 1990년대 초반, 세계에는 다음과 같은 일들이 일어났습니다.

- 1990년 10월 동서독 통일
- 1991년 12월 구소련 붕괴. 동서 냉전 시대 종식
- 1993년 11월 유럽연합(EU) 출범

특히 가장 큰 사건은 구소련 붕괴로 동서 냉전 시대가 막을 내린 것이었습니다. 동서독 통일은 그 서막에 불과했습니다. 동서

---

4) 연호란 일본에서 연도를 표기하는 방식으로 천황의 재위 기간에 붙여지는 이름이다. 헤이세이(平成) 시대는 1989~2019년에 해당된다. - 역자 주

냉전 시대는 서방 진영의 맹주인 미국과 동방 진영의 맹주였던 구소련이 끊임없이 군비 확장 경쟁을 벌이던 시대였습니다. 그러나 구소련이 붕괴하면서 동서 간의 군사 균형에 변화가 생겼습니다. 쉽게 말해서 '더 이상 군비 경쟁을 계속해봤자 의미가 없다'라는 인식이 확산되기 시작한 것입니다. 동시에 많은 이들의 관심은 경제 성장으로 옮겨갔습니다. 군사에 쓰이던 자금을 경제로 돌리는 이 일련의 흐름은 **'평화배당금(Peace Dividend)'**이라고 불리기도 했습니다.

이런 시대적 전환 속에서 새롭게 부상한 나라가 바로 중국입니다. 당시 중국의 최고지도자였던 덩샤오핑(鄧小平)은 1992년 1월부터 2월에 걸쳐 우한, 선전, 주하이, 상하이 등을 시찰하며 '남순강화(南巡講話)'라는 중요한 담화를 발표했습니다. 그는 이 자리에서 '외자 유치를 통한 대담한 경제건설 추진'과 '개혁, 개방 정책'을 통해 사회주의 시장 경제를 본격적으로 추진하겠다고 밝혔습니다.

이때를 기점으로 중국은 '세계의 공장'으로서 경제 성장의 길을 본격적으로 걷기 시작했습니다. 당시에도 이미 인구가 10억 명에 달했고, 값싼 노동력은 무한정 존재했습니다. 그 결과, 선진국 기업들은 앞다투어 중국에 공장을 설립하고 저렴한 비용으로 제품을 생산하기 시작했습니다.

결과적으로 중국 경제는 비약적으로 성장해 현재 세계 2위의 경제 대국으로 자리매김하게 되었습니다. 경제 개방 정책을 시작한 1992년부터 1995년까지 4년간, 그리고 2003년부터 2007년까지 5년간은 두 자릿수의 경제 성장률을 기록했으며, 특히 리먼 사태 직전인 2007년의 경제 성장률은 무려 14.25%에 달했습니다. "중국은 사회주의 국가이기 때문에 사치를 하지 않는다", "자동차 같은 것은 절대 사지 않을 것이다." 과거에는 그렇게 여겨지기도 했습니다. 그러나 경제가 빠르게 성장하고 부유층이 늘어나자 중국도 선진국과 같은 길을 걷기 시작했습니다. TV와 세탁기 등 생활을 편리하고 풍요롭게 해주는 제품들을 적극적으로 구매하고, 자동차도 점차 일상적으로 이용하기 시작했습니다. 이처럼 내수가 점점 자극되면서 중국은 세계의 공장에서 세계 유수의 거대한 소비 시장으로 변모해갔습니다.

그리고 그 과정에서 '인프라'를 정비할 필요성에 직면하게 되었습니다. 중국에 공장을 세우는 것은 좋지만, 그 공장에서 생산된 제품을 다른 나라로 수출하려면 대량의 제품을 배에 실어 운송할 **항만**이 필요합니다. 공장에서 항만으로 제품을 실어 나를 도로도 있어야 합니다. 공장을 가동하려면 **전력**을 공급할 **발전소**도 건설해야 합니다. 이렇게 중국 경제는 계속해서 성장해 나갔습니다.

이러한 흐름 속에서 중국에 진출해 큰 이익을 얻은 기업들도 적지 않습니다. 예를 들어, 건설기계 제조업체인 **코마츠 제작소 (6301)**의 주가는 중국이 경제 개방 정책을 본격화한 1992년 전반에는 500엔대였지만, 2021년 2월에는 3,200엔 전후를 오가는

출처 : i-Chart

큰 폭의 주가 상승을 보였습니다.

그리고 세계적으로는 중국을 따라잡고 넘어서려는 국가도 등장하고 있습니다. 그 대표적인 예가 바로 **인도**입니다. 인도는 젊은 층이 많고 인구 피라미드도 이상적인 형태를 갖추고 있습니다. 중국이 한 자녀 정책의 영향 등으로 고령화가 진행 중인 것과는 대조적입니다. 이러한 상황에서 인도는 앞으로 약 10년 안에 중국의 인구를 추월할 것이라는 전망이 나오고 있습니다. 소득 수준은 아직 낮지만, 산업화 빠르게 진행 중이며 수입도 꾸준히 증가할 것으로 예상됩니다. 중국에서 일어났던 경제 성장이 인도에서 재현될 날도 머지않았을지 모릅니다.

인도에서 건설기계 시장 점유율 1위는 **히타치 건설기계(6305)**

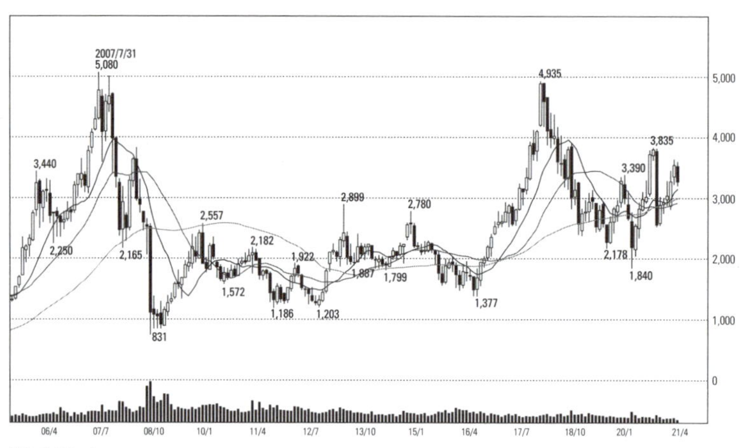

출처 : i-Chart

로, 향후 실적 기여도 기대해볼 만합니다. 어쩌면 그다음은 아프리카 대륙일지도 모릅니다. 인도와 아프리카 대륙의 국가들이 경제적으로 발전해나가는 가운데, 중국이 그랬던 것처럼 그 지역을 생산 거점으로 삼거나 새로운 시장으로 개척하는 기업이 반드시 등장할 것입니다.

일본 경제 자체는 인구 감소와 고령화로 인해 앞으로 축소될 가능성이 큽니다. '1억 총 활약 사회'[5]가 궤도에 올라 생산 효율이 비약적으로 향상된다면 축소를 막을 수 있을지도 모르지

---

5) 1억 총 활약 사회 : 아베 신조 정권이 내건 주요 정책 중 하나로, 일본의 인구 감소와 고령화에 대응해 모든 국민이 성별, 연령, 장애 유무 등과 관계없이 자신의 능력과 의욕을 최대한 발휘해 활약할 수 있는 사회를 목표로 하는 개념. 여성의 사회 진출 확대, 고령자의 취업 촉진, 육아 지원 강화 등을 통해 노동력 부족 문제를 해결하고 경제 활력을 높이는 것이 주요 내용이다. - 역자 주

만, 일본의 총인구가 크게 줄고 있다는 현실을 고려하면 경제 성장률을 비약적으로 끌어올리기는 쉽지 않을 것입니다. 하지만 일본 경제가 축소되더라도 **글로벌 시장에서 사업을 전개하는 기업들은 그 영향을 크게 받지 않을 수 있습니다.** 물론 완전히 자유롭지는 않겠지만, 성장 중인 해외 시장에 주력하는 기업이라면 일본 내수 시장의 위축을 해외 수익으로 보완할 수 있습니다. 실제로 일본이 디플레이션 등의 어려움에 직면하더라도 미국이나 중국에서 수익을 올리고 있기 때문에 괜찮다는 회사도 적지 않습니다(88~89페이지에 목록 수록).

예를 들어, **유니참(8113)**의 종이 기저귀나 생리용품, **가오(4452)**의 세제 등은 국가를 가리지 않고 수요가 존재합니다. 어느 나라든 인구의 절반은 여성이고, 누구나 자신이 입은 옷은 세탁해야 합니다. 이러한 수요는 만국 공통이라고 할 수 있습니다.

유니참(8113) 월봉 차트

출처 : i-Chart

유니참은 일본의 고도 성장기에는 국내 시장 확대를 통해 실적을 끌어올렸고, 시장이 성숙기에 접어들자 중국 연안부로 진출했습니다. 아직 시장조차 형성되지 않은 상황에서 직접 마켓을 개척했고, 이후 다음 신흥국으로 진출하는 전략을 통해 성장을 이어가고 있습니다. 몇 년 전에는 인도 사업 수익이 흑자로 전환되었고, 현재는 아프리카 대륙을 다음 목표로 삼고 있습니다.

아직 경제 규모는 크지 않지만, 앞으로 성장이 예상되는 국가에는 가격이 저렴한 제품을 제공함으로써 그 나라에 브랜드를 침투시킬 수 있습니다. 반면 선진국 시장에서는 가격은 다소 비싸더라도 품질이 우수한 제품을 판매해 수익을 확보할 수 있습니다. 참고로 선진국에서는 고령화가 진행되어 부가가치가 높은 성인용 종이 기저귀 수요가 증가하는 추세입니다.

생활에 꼭 필요한 상품은 계속 팔린다

같은 방식의 성공패턴은 린나이, TOTO, 다이킨공업에도 해당됩니다. 앞서 언급한 코마츠 제작소나 유니참과 마찬가지로, 우리 삶에 꼭 필요한 필수품을 제조·판매하는 기업은 발전 가능성이 큰 국가에 진출함으로써 성장을 이어가고 있습니다. 가스 온수기와 가스레인지를 제조하는 린나이(5947)는 아마 여러분도 일상적으로 사용하고 있어서 그 편리함을 당연하게 여기고 있을지도 모릅니다. 예를 들어, 가스 온수기는 버튼을 누르

<h2 style="text-align:center">린나이(5947) 월봉 차트</h2>

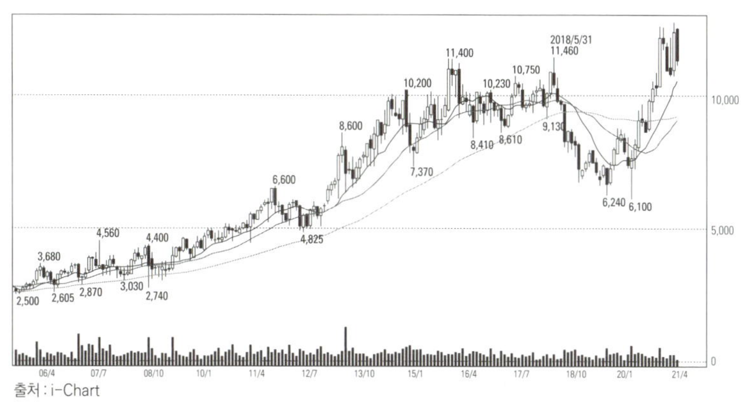

출처 : i-Chart

면 '치치치치' 하는 소리와 함께 곧바로 뜨거운 물이 나옵니다. 사실 이처럼 간편하게 온수를 사용할 수 있는 나라는 전 세계에서도 극히 일부에 불과합니다. 편리한 급탕 시스템이 가정이나 호텔 등에 보급된 나라는 전 세계에서도 뉴질랜드 등을 포함해 약 30~40% 정도라고 합니다.

세계에서 가장 선진국으로 일컬어지는 미국조차 순간온수기가 아닌 물탱크를 가열해서 온수를 사용하는 방식이 여전히 일반적입니다. 가장 불편한 순간은 목욕할 때라고 합니다. 미국에는 욕조에 몸을 담그는 습관이 없기 때문에, 예를 들어 머리를 감고 샴푸를 헹구려는 순간, 탱크 안의 온수가 바닥나는 경우도 있습니다. 겨울이라면 그야말로 비극이죠. 불과 10년 전만 해도 미국 비즈니스맨이 일본을 방문했을 때 스위치 하나만 누르면 뜨거운 물이 나오는 것을 보고 몹시 놀랐다는 일화가 있을 정도입니다. 미국조차 이 정도 수준이라면 앞으로도 온수 시스템 시장은 개척할 여지가 매우 크다고 할 수 있습니다.

린나이의 강점은 최첨단 기술을 사용한 가스 온수기나 가스레인지를 제조함과 동시에, 신흥국에서도 사용할 수 있는 저렴한 범용 제품도 함께 생산·공급하고 있다는 점입니다.

인도네시아의 일반가정에 가스레인지가 없었던 수십 년 전의 이야기입니다. 당시에는 아직 나뭇조각이나 종이 등 주변에서 쉽게 구할 수 있는 가연성 물질을 태워 조리했습니다. 강한 바람이 불면 불이 번질 우려도 있고, 화상이나 화재의 위험도 따랐습니다. 실제로 화재가 발생하는 사례도 있었기 때문에 인도네시아 정부는 모든 가정에 1구 가스레인지를 보급했습니다. 하지만 초기에 보급된 제품은 품질이 조악해서 얼마 사용하지 못하고 곧 고장 나는 사례가 빈번했다고 합니다. 이 상황을 파악한 린나이는 기능은 단순하지만 튼튼하고 고장 나지 않는 가스레인지를 대량 공급했습니다. 현재 린나이는 인도네시아에서 시장 점유율 1위를 차지하고 있습니다.

인도네시아에서는 저렴한 1구 가스레인지를 대량 생산·공급하는 한편, **일본을 비롯한 선진국 시장에는 부가가치가 높은 제품을 공급하고 있습니다.** 버튼 하나로 간편하게 온수를 사용할 수 있는 가스 온수기도 그중 하나입니다. 가스레인지에는 센서를 탑재해 '과열 방지 장치(기름을 사용한 조리 중 화재를 방지하기 위한 장치)'나 '자동 가스 차단 장치(국물이 넘치거나 바람에 불이 꺼지면 자동으로 가스를 차단하는 장치)' 등 다양한 안전 기능이 탑재된 고부가가치 제품도 제조하고 있습니다.

화장실 설비로 친숙한 주택 설비기기 제조업체 TOTO(5332)도 마찬가지입니다. 일본 최초로 수세식 화장실을 만든 이 회사는, 우선 일본 내수 시장을 중심으로 성장한 뒤 해외로 진출했습니다.

한편 일본 국내에서는 세정 기능이 탑재된 비데 좌변기 '워시렛'을 출시했습니다. '엉덩이도 씻고 싶다'라는 TV 광고가 화제가 되었지만, 당시에는 좀처럼 소비자의 이해를 얻지 못해 판매에 어려움을 겪었습니다. 그러나 1980년대 후반부터 세계 어느 나라보다 앞서 일본 국내에 급속히 보급되기 시작했고, 이제 비데는 일본 화장실에서 흔히 볼 수 있는 풍경이 되었습니다.

TOTO(5332) 월봉 차트

출처 : i-Chart

이후 경제 성장이 두드러진 중국 도시 지역에 워시렛을 투입했고, 초기에는 역시 고전했지만, 점차 인지도를 높여나갔습니다. 가격은 비싸지만, 품질이 뛰어나 '화장실계의 벤츠'라고 불리기도 했습니다. 코로나 사태 이전, 해외 관광객들이 몰려들던 인바운드 붐 시기에는 세정 기능이 있는 변기 시트가 인기 있는 기념품이 되기도 했습니다.

한편, 인도의 모디(Narendra Modi) 총리가 주창한 '클린 인디아' 프로젝트에 발맞춰, 2014년 인도 구자라트주에 생산 거점을 설립했습니다. 이곳은 모디 총리의 고향이기도 합니다. 인도에는 아직도 화장실을 사용하는 습관이 없는 지역도 있어서 감염병 등이 심각한 문제로 대두되고 있습니다. 단순한 기능만 갖춘 제품이라도 좋으니 우선 수세식 화장실을 도입해 위생환경을 개선하는 것. 이것이 바로 '클린 인디아'의 목표 중 하나입니다. 인도는 인구 10억 명이 넘는 대국입니다. 수세식 변기만으로도 방대한 시장이 형성됩니다. 전 세계적으로 보면 수세식 화장실 보급이 더딘 신흥국은 여전히 많습니다.

이러한 국가에서는 우선 단순한 기능의 제품으로 시장에 진입합니다. 시간이 지나 경제 수준이 향상되면 신흥국 소비자들도 고부가가치 제품을 원하게 됩니다. TOTO는 바로 그 시점까지 현지에서 자사 브랜드의 인지도를 널리 확산시키는 것을 목표로 삼고 있습니다.

공조설비 대형 제조업체인 **다이킨공업(6367)**도 선진국과 신흥국에 서로 다른 제품을 공급하고 있습니다. 정밀한 온도 설정이 가능한 인버터 에어컨은 현재 일본에서는 당연한 것으로 여겨지고 있습니다. 예를 들어, 여름철에 실내온도를 25도로 설정하면 에어컨은 먼저 그 온도까지 냉각한 뒤 작동을 멈췄다가, 실내온도가 27도, 28도로 올라가면 다시 작동을 시작해서 25도까지 온도를 낮춥니다. 이처럼 섬세한 온도 제어가 가능한 인버터 에어컨은 전 세계적으로 보급률이 약 30%에 불과합니다. 나머지 70%는 강, 중, 약 3단계 조절만 가능한 일반 에어컨입니다.

이 역시 가스레인지나 수세식 화장실과 마찬가지로, 인버터 에어컨 이전에 일반 에어컨이 필요한 나라들이 많습니다. 물론 대부분 신흥국입니다. 인버터 에어컨 같은 고부가가치 제품은 당연히 가격이 높아질 수밖에 없습니다. 그런 제품을 신흥국 일

다이킨공업(6367) 월봉 차트

출처 : i-Chart

반가정에서 선뜻 구매하기는 어렵습니다. 하지만 이상기후로 인해 세계 곳곳에서 폭염이 발생하고 사망자도 늘어나고 있는 요즘, 이러한 비극을 막기 위해 우선 단순한 기능만 갖춘 에어컨이라도 도입·보급해나갈 필요가 있습니다.

다이킨은 M&A라는 수단을 활용해 신속하게 세계 시장으로 영역을 넓혀갔습니다. 2007년에는 말레이시아 기업 OYL을 인수했는데, OYL은 북미와 동남아시아에 생산 및 판매망을 갖춘 글로벌 기업입니다. 이 인수를 통해 다이킨은 자사의 인버터 에어컨 기술을 이식하고 보급을 추진했습니다. 신흥국에서는 범용 기종을 확장하는 동시에 세계 경쟁사들과의 격차도 벌려나갔습니다. 이후 2012년에는 미국 동종업체인 굿맨 글로벌사를 인수하면서 사업 영역을 더욱 넓혔습니다.

그 외에도 중국 가전 대기업인 그리(格力)와 업무 제휴를 맺어 생산 부문에서 협력하고 있습니다. 이처럼 인수와 제휴를 통해 세계 시장을 단숨에 장악했으며, 현재는 에어컨 분야에서 세계 최상위권에 올라섰습니다. 회사 캐릭터인 '피쿄군'은 세계적으로 활발히 활약 중입니다.

지금까지 린나이, TOTO, 그리고 다이킨 공업이라는 세 회사에 관해 설명해드렸습니다. 흔히 일본 제품은 '갈라파고스화되어 있다'라고 합니다. 갈라파고스화란, 고성능·고기능을 철저하게 추구하다 보니 제품 가격이 높아져 경제 수준이 높은 나라에만 받아들여지고, 글로벌 시장에서는 점유율을 확보하지 못한 채 어느새 일본 국내에서만 보급되는 현상을 말합니다. TV나 그 밖의 백색가전 등은 일본 제품이 품질이 매우 뛰어나고 기능도 다양하지만, 그만큼 가격이 비싸 신흥국을 포함한 세계 시장에는 널리 보급되지 못하는 경우가 많습니다.

이 점에서 린나이와 TOTO, 다이킨 공업이 신흥국에서 가격이 저렴하고 단순한 제품을 생산·판매한 것은 글로벌 전략으로써 올바른 선택이었다고 할 수 있습니다. 오직 고부가가치 제품에만 특화하는 것이 아니라, 세계 전체를 넓게 바라보며 각국의 상황과 경제 수준에 맞는 제품을 공급할 수 있는 기업이야말로 진정한 강자라고 할 수 있습니다.

인간의 근원적인 욕구는 시대가 바뀌어도 크게 변하지 않습니다. 무더운 여름에는 누구나 시원함을 원하기 때문에 에어컨에 대한 수요는 늘 존재합니다. 요리에 필요한 불을 더욱 안전하게 사용하고자 하는 욕구 역시 아무리 시대가 흘러도 크게 달라지지 않을 것입니다. 화장실은 말할 것도 없이 사람이 살아가는 한 반드시 필요합니다. 그런 제품을 만드는 회사는 설령 리먼 브라더스 사태와 같은 세계적인 불황에 직면해 1~2분기 동안 이익이 감소하더라도, 세계적인 수요 자체는 크게 흔들리지 않기 때문에 결국 서서히 회복하게 됩니다.

아주 단순하고 언뜻 보기에는 복잡한 기술이 없어 보이더라도

'불변의 수요'가 존재하는 제품은 매우 강력합니다.

저성장기에도 도태되지 않고 살아남은 기업은
강한 경영 체질을 갖추고 있다

앞서 언급한 가스 온수기나 가스레인지, 수세식 화장실은 한 때 일본이 고도 경제 성장기였을 당시 수많은 회사들이 다뤘던 분야입니다. 가스레인지는 물론 에어컨도 마찬가지입니다. 그런데 현재 에어컨 분야에서 다이킨 공업을 제외하고 떠오르는 전문업체는 후지쯔 제너럴 정도뿐입니다. 저성장기에도 다양한 전략을 통해 살아남은 것은 바로 이러한 기업들입니다.

고도 경제 성장기는 무엇을 해도 돈을 벌 수 있는 시대였습니다. 어느 회사가 히트상품을 내놓으면 그것을 따라 하는 회사들이 우후죽순처럼 생겨났습니다. 하지만 그런 시대는 오래가지 못했습니다. 일본의 경우, 고도 경제 성장은 이미 끝났고 지금은 저성장 국가가 되었습니다. 당연히 고도 경제 성장기 동안 대거 시장에 진입했던 회사 중에는 소비자의 선택을 받지 못해 제품이 팔리지 않게 되고, 결국 해당 분야에서 철수한 기업도 많습니다.

반대로 저성장기에 접어들어 많은 회사들이 시장에서 철수하는 상황에서도 끝까지 살아남은 기업은 매우 강한 경영 체질을 갖추고 있다고 볼 수 있습니다. 문득 정신을 차려보니 경쟁자가 모두 사라져 있다는 느낌이라고 할까요.

예를 들어 **깃코만(2801)**은 아시다시피 간장 제조업체입니다. 이 회사는 종전 직후인 1949년 해외 수출에 나섰습니다. 타깃 시장은 미국이었습니다. 슈퍼마켓 입구 한쪽을 빌려 '올 퍼포스 시즈닝(All Purpose Seasoning)', 즉 어디에나 잘 어울리는 조미료라는 콘셉트로 간장을 판매하기 시작했습니다. 중요한 것은, 스테이크 소스처럼 특정 용도를 정해 홍보한 것이 아니라 '어디에나 어울린다' 전략을 취했다는 점입니다. 결과적으로는, 스테이크 소스로 호평을 받았지만, 일식 붐과 함께 간장이 받아들여진 것은 깃코만의 전략이 주효했다고도 볼 수 있습니다. 그 노력이 결실을 맺어 간장은 미국인들 사이에도 점차 보급되기 시작했습니다. 그리고 점차 판로가 확대되자 깃코만은 미국에 현지 법인을 설립한 후 경영은 현지인에게 맡기고 현지 생산에 착수했습니다. 현지에 융화되어 성장하고 있는 것입니다.

깃코만(2801) 월봉 차트

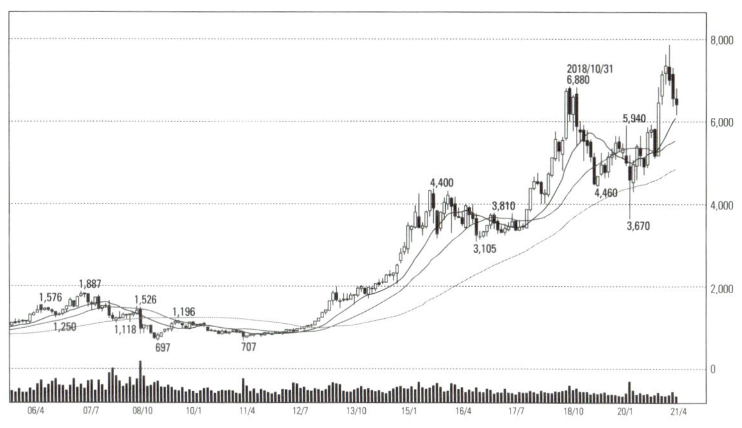

출처 : i-Chart

깃코만의 해외 전략은 미국에만 국한되지 않았습니다. 1973 년에는 독일 뒤셀도르프에 진출했으며, 이번에는 미국에서 호평받았던 스테이크 소스를 앞세워 시장을 공략했습니다. 철판구이 레스토랑을 현지에 개점하고, 고객의 눈앞에서 직접 조리하면서 고기 등 현지 식재료와 간장의 궁합이 좋다는 점을 사람들에게 널리 알렸습니다. 더불어 1983년에는 싱가포르에 현지 법인을 설립하고 동남아시아와 오세아니아 지역으로 수출을 시작했습니다.

이 기간 동안 일본 국내의 간장 제조업체는 일본인의 식생활 변화로 인해 감소 추세를 보였습니다. 다이쇼 시대[6]에는 일본 국내 간장 제조업체 수가 1만을 넘었지만 1990년대에는 2,000 개 사 이하로 줄었고, 2019년에는 1,141개 사까지 감소했습니다. 깃코만은 국내 간장 수요가 줄어드는 가운데 해외 진출에서 활로를 찾았고, 그 전략이 성공을 거두며 세계 최대의 간장 제조업체가 되었습니다.

---

6) 다이쇼 시대(大正時代) : 일본의 연호로 1912년 7월 30일부터 1926년 12월 25일까지를 가리킨다. - 역자 주

오랜 역사를 지닌 일본 기업이
세계 시장 점유율 1위를 차지하다

오랜 역사 속에서 **다양한 수익 기반을 보유함으로써 장기적으로 안정적인 성장을 이어온** 기업이 바로 신에츠 화학공업(4063)입니다. 이 회사의 기원은 1926년으로 거슬러 올라갑니다. 나가노현의 풍부한 수력자원이 만들어내는 전력, 니가타현 오야시라즈 지역의 대지에서 채굴되는 석회석, 이 2가지 자연의 혜택을 바탕으로 화학비료와 석탄 질소를 생산하는 '신에츠 질소비료'로 출발했습니다. 1953년 **실리콘** 생산을 시작했고, 1956년에는 **염화비닐수지(PVC)** 제조를, 1960년에는 고순도 실리콘 제조를 시작했습니다.

PVC 분야에서는 1970년 미국에 설립한 신텍사가 미국 최대 업체로 성장했습니다. 반도체 분야에서는 실리콘 웨이퍼뿐만 아니라 포토레지스트(감광재), 블랭크마스크(전사원판) 등으로 사업 영역을 확장해나갔습니다(반도체 제조공정은 256페이지 참조). 이처럼 다양한 분야에서 착실하게 사업을 확장한 결과, 현재는 매출이 약 1조 5,000억 엔 규모에 이르렀습니다. 경영 전략의 탁월함이 돋보입니다.

현재 신에츠 화학공업의 **주력 사업은 반도체용 실리콘 웨이퍼와 염화비닐수지**입니다. 실리콘 웨이퍼는 규소 잉곳을 두께 약 1mm로 얇게 절단해서 만들어지며, 반도체의 '기판'이 되는 소재입니

출처 : i-Chart

다. 스마트폰, PC, 디지털 가전, 자동차 등 우리 주변의 다양한 제품에 폭넓게 사용됩니다. 자율주행차나 AI 로봇 등 미래 첨단 기기에도 반도체가 대거 사용될 것으로 예상되므로, **그 기반이 되는 실리콘 웨이퍼의 수요는 장기적으로도 증가할 것으로 전망됩니다.**

신에츠 화학공업은 실리콘 웨이퍼 분야에서 세계 시장 점유율 1위를 차지하고 있습니다. 염화비닐수지 분야는 경쟁업체가 많아 생존하기 어려운 분야지만, 미국 시장 진출을 통해 이를 극복했습니다.

염화비닐수지는 난연성과 내구성이 뛰어난 수지로, 가소제를 병용해 경도를 조절할 수 있습니다. 염소를 원료로 하며, 제품 수명이 길고 재활용성도 뛰어납니다. 주요 사용 분야는 건축 및 토목 분야(상하수도용 파이프, 창틀, 사이딩재) 등이며, 주택업계의 동향에 따라 매출액이 변동합니다. 신에츠 화학공업은 염화비닐수지 분야에서도 세계 1위를 유지하고 있습니다.

이 외에도 **실리콘 사업, 전자·기능 소재 사업, 기능성 화학품 사업** 등에서도 수익을 올리고 있습니다. 실리콘은 규소를 기반으로 만들어진 인공화합물로, 신에츠 화학공업은 국내 최대 업체답게 약 5,000종의 제품을 보유하고 있습니다. 전기·전자, 자동차, 건축, 화장품 등 다양한 산업 분야에 공급하고 있으며, 스마트폰이나 PC뿐만 아니라 자외선차단제, 젖병, 콘택트렌즈 등에도 사용됩니다. 실리콘 역시 경쟁이 치열한 분야입니다.

또한 전자·기능 소재 사업에서는 친환경 차나 산업용 로봇 등의 모터에 필수적인 희토류 자석, 반도체 제조공정에 사용되는 포토레지스트 및 블랭크 마스크 등을 취급하고 있습니다. 이 분야의 선두 기업이기도 합니다. 기능성 화학품 사업에서는 의약품과 식품을 비롯해 건축, 토목, 세라믹 등 다양한 분야에 사용되는 '셀룰로스 유도체', 해충 구제에 사용되는 '합성 페로몬' 등 특징적인 제품을 취급하고 있습니다. 셀룰로스는 의약품의 정제 코팅제나 자동차 배기가스 필터 등에 주로 사용됩니다.

5개 분야에 수익원을 갖춘 제조업체는 흔치 않습니다. 이 때문에 어느 한 사업이 부진해도 다른 분야에서 이를 보완할 수 있다는 강점을 지니고 있습니다. 게다가 이 중 주력 사업인 두 부문은 세계 1위를 자랑합니다. 캐시플로우를 창출하는 능력도 뛰어나서 신에츠 화학공업의 재무 구조는 일본 기업 중에서도 손꼽히는 견고함을 자랑합니다. 이 외에도 가공, 상사, 기술 서비스 사업을 통해 염화비닐과 실리콘 가공품, 각종 플랜트 설계·건설·유지보수 등 폭넓은 분야로 사업을 확장하고 있습니다.

독자적인 방식으로 성장하고 있는 기업

니혼코덴(6849)

병원용 생체정보 모니터가 주력. 신규 진출 국가에는 유지보수 부서도 동시에 진출. 심전도 등 생체정보 모니터는 고장이 허용되지 않기 때문에 신속한 유지보수 대응으로 신뢰를 쌓으며 성장 중

피존(7956)

젖병 등 육아용품이 주력. 일본 제품의 높은 품질을 내세워 중국, 미국 등에 진출

브리지스톤(5108)

세계적인 타이어업체. M&A로 성장

맨담(4917)

화장품 선두 기업. 신흥국 시장에서는 제품을 소분해 부담 없는 가격으로 판매량 확대 중

시스멕스(6869)

검사기기 선두 기업. 모든 제품을 일본에서 생산해 품질 보증

간사이 페인트(4613)

페인트 선두 기업. 인도 등 해외 시장에서 활로 모색 중

쿠보타(6326)

세계적인 농기계 제조업체. 신흥국 등 해외 시장 진출

코마츠 제작소(6301)

71페이지 참조

히타치 건설기계(6305)

72페이지 참조

유니참(8113)

73페이지 참조

린나이(5947)

75페이지 참조

TOTO(5332)

77페이지 참조

다이킨 공업(6367)

79페이지 참조

깃코만(2801)

83페이지 참조

신에츠 화학공업(4063)

86페이지 참조

진입장벽이 있는 기업

두 번째 조건은 '진입장벽이 있는 기업'입니다. 진입장벽이란, 어떤 업계에 새롭게 진출하고자 할 때 그것을 가로막는 요소를 뜻합니다. 진입이 어려우면 진입장벽이 높고, 반대로 쉽게 진입할 수 있다면 진입장벽은 낮다고 할 수 있습니다. 예를 들어, 외식 산업은 비교적 창업이 쉬운 편이므로 진입장벽이 낮다고 볼 수 있습니다. 반면 항공업계처럼 비행기를 운항하는 사업은 쉽게 뛰어들 수 있는 분야가 아니므로 진입장벽이 높다고 할 수 있습니다. 여기서는 비즈니스 모델의 진입장벽이 높은 기업들을 살펴보겠습니다.

이런 유형의 기업은 대체로 다음과 같은 특징을 지니고 있습니다.

· SPA(제조소매업)

· 독자적인 기술이나 특허를 보유한 기업(그로 인해 업계 점유율 1위인 기업)

· 자체 플랫폼을 보유한 기업

먼저 SPA 기업을 더욱 쉽게 이해할 수 있도록 우리에게 친숙한 기업을 예로 들어 설명하겠습니다. SPA는 '제조소매업(Speciality store retailer of Private label Apparel)'의 약칭입니다. 업태는 소매업이지만, 매장에 진열되는 모든 제품을 자사가 직접 기획, 제조, 유통하는 수직통합형 비즈니스 모델입니다. SPA 모델의 강점은 기존 업계의 경쟁자들이 절대로 모방할 수 없다는 점입니다.

예를 들어, **패스트리테일링(9983)**은 '유니클로'로 대표되는 브랜드를 통해 의류를 판매하고 있습니다. 그런데 유니클로 매장에 진열된 제품 중에는 유니클로 브랜드가 아닌 옷은 단 하나도 없습니다. 그 이유는 패스트리테일링이 제조업체에 직접 의뢰해서 만든 제품을 자사의 유통망을 통해 유니클로 매장에서 판매하고 있기 때문입니다. 이처럼 유니클로를 비롯한 SPA 모델은 중간에 도매업자 등이 개입하지 않기 때문에 제품을 저렴한 가격에 제공할 수 있다는 점이 강점입니다.

다른 소매업체들이 패스트리테일링과 같은 방식을 구현하는 것은 거의 불가능하다고 단언해도 좋습니다. 이토요카도나 이온도 비슷한 의류를 매장에 진열하고 있지만, 가격 경쟁력 면에서는 패스트리테일링을 따라갈 수 없습니다. 이토요카도나 이온의 경우, 유통 경로에 도매업체가 반드시 개입하도록 구조화되어 있습니다. 따라서 이온이 자체적으로 제품을 생산해 유통하려 한다면 지금까지 이온에 상품을 납품하던 제조업체들은 더 이상 이온과 거래하지 않으려 할 것입니다. 이러한 이해관계가 얽혀 있는 한 기존 유통 소매회사들이 SPA에 진입하는 것은 사실상 어렵다고 할 수 있습니다. 패스트리테일링은 의류업계에서 SPA 모델의 대표적인 사례입니다. 일본 외에는 스페인의 ZARA, 스웨덴의 H&M, 미국의 GAP 등이 유명합니다.

그 밖에 일본의 유명한 SPA 기업 가운데 의류 이외의 분야에서 활동 중인 기업들도 있습니다. 예를 들어, JINS 브랜드를 전개하고 있는 **진스 홀딩스(3046)**는 안경 분야의 SPA이며, 무인양품 브랜드를 전개하는 **양품계획(7453)**은 생활 잡화 SPA입니다. "오, 가격 그 이상"이라는 광고로 유명한 **니토리 홀딩스(9843)**는 인테리어 가구 분야의 SPA입니다.

SPA의 강점은 앞서 말씀드린 것처럼, 이 비즈니스 모델 자체가 높은 진입장벽으로 작용한다는 점입니다. 기존 소매업체들은 매장에서 할인판매를 통해 '가성비'로 고객 유치를 도모하지만, 할인에는 한계가 있습니다. 제조업체나 도매업체 등 여러 기업이 유통 과정에 개입되어 있기 때문에 그들의 이익도 확보해야 하고, 이들과의 오랜 거래 관계를 끊고 SPA로 전환하는 것은 더욱 어려운 일입니다. 자칫하면 회사의 존속 자체가 위태로워질 수도 있습니다.

앞서 언급한 글로벌 전개 사례나 이 SPA 모두 비즈니스 모델 차원에서 강점을 지닌 구조라고 할 수 있습니다. 그리고 이러한 비즈니스 모델의 강점을 가진 회사의 주식은, **오해를 무릅쓰고 말씀드리자면 언제나 '매수 기회'**라고 해도 과언이 아닙니다. 예를 들어, 니토리는 2021년 2월 결산에서 34기 연속 매출 및 이익 증가를 기록했습니다. 이처럼 견고한 비즈니스 모델을 갖춘 기업이라면 아마 2위, 3위 업체의 진입조차 쉽지 않을 것입니다. 경쟁사가 거의 없는 구조 덕분에 34기 연속 매출과 이익이 증가한 것도 충분히 고개가 끄덕여집니다.

이처럼 장기간에 걸쳐 매출과 이익이 꾸준히 증가해온 기업의 주가가 지속해서 우하향하며 하락하는 경우는 거의 없습니다. 물론 주가는 언제나 일정한 등락을 동반합니다. 다만 실제로 니토리의 주가 변동을 나타내는 차트를 보면 아시겠지만, 주식이 상장된 2002년 이후로는 거의 일관된 상승세를 보이고 있습니다. 2018년 6월에 19,850엔으로 고점을 기록한 후 2019년 5월

니토리 홀딩스(9843) 월봉 차트

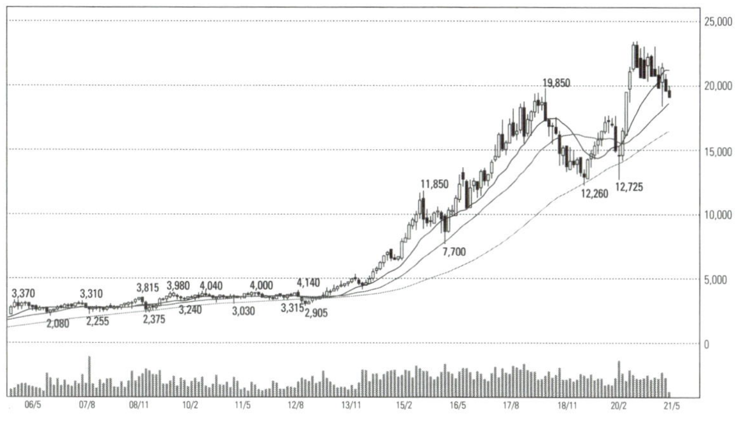

출처 : i-Chart

에는 12,260엔까지 하락했지만, 다시 상승세로 전환되어 2020
년 8월에는 23,455엔을 기록했습니다.

보시다시피 주가는 거의 완벽한 우상향 곡선을 그리고 있습
니다. 이런 종목은 앞서 말씀드렸듯이 **어느 시점에서 매수했더라
도 계속 보유하고 있으면 언젠가 고점을 돌파하고 다음 고점을 향해 계
속 상승할 가능성이 큽니다.** 물론 수익률을 높이기 위해서는 매수
시점이 중요합니다.

한편 잡화 분야에서 SPA 모델을 시도하는 기업 중에는 실패
하는 경우도 있습니다. SPA는 도매상을 거치지 않기 때문에 모
든 재고를 기업 스스로 부담해야 합니다. 제품의 경쟁력이 부족
하면 판매 부진으로 인해 재고를 떠안게 됩니다. 이 점에는 주
의가 필요합니다.

독자적인 기술과 특허, 플랫폼도 강력한 진입장벽

앞서 말씀드린 SPA는 대표적인 진입장벽 사례입니다. 이 외
에도 플랫폼이나 독자적인 기술, 특허 또한 강력한 진입장벽으
로 꼽을 수 있습니다. 그 결과, 이러한 기업들에는 공통으로 특
정 제품이나 서비스가 일본 국내 혹은 세계 시장에서 최고의 점
유율을 자랑한다는 특징이 있습니다.

먼저 독자적인 기술을 보유한 기업부터 살펴보겠습니다.

계측 제어기기 분야의 선두 기업인 **키엔스(6861)**는 직원 연봉이 일본 최고 수준이라는 점에서도 언론의 주목을 받는 기업입니다. 이 기업은 **'센싱'**, 즉 센서를 이용해 온도, 음량, 밝기, 내구성 등 다양한 정보를 측정하고 수치화하는 기술에 강점을 지니고 있으며, 그중에서도 FA(Factory Automation=공장 자동화)용 센서가 주력제품입니다. 키엔스는 단순히 제품을 만들어 판매하는 데 그치지 않고, 고객의 니즈를 철저히 분석해 맞춤형 솔루션을 제공합니다. 즉, 뛰어난 기술력으로 센서를 개발한 후 고객이 찾아오기를 기다리는 것이 아니라, **고객이 무엇을 필요로 하는지를 먼저 파악하고, 그에 최적화된 제품을 직접 설계해서 제공하는 방식입니다.**

올림푸스(7733)도 마찬가지입니다. '올림푸스' 하면, '카메라'를 떠올리는 사람이 많지만, 현재 카메라는 생산하지 않습니다. 이 회사는 사실 내시경 분야에서 세계 1위를 자랑합니다. 올림푸스 영업 담당자는 내시경을 사용하는 의사들과 긴밀히 소통하며, 더욱 편리한 제품을 만들기 위해 현장의 의견을 직접 듣고 제품에 반영합니다. 이러한 비즈니스 모델은 의사와 영업담당자 간의 지속적인 커뮤니케이션을 전제로 하기 때문에 다른 기업이 쉽게 모방하기 어렵습니다.

또 다른 사례로, **쇼본드 홀딩스(1414)**를 들 수 있습니다. 업종 상으로는 건설업으로 분류됩니다. 건설업은 진입장벽이 전혀 없는 업종처럼 보이지만, 실제로는 그렇지도 않습니다. 이 기업의 강점은 콘크리트 보수 사업으로, 이 분야에서 업계 1위를 차지하고 있습니다. 자체적으로 '보수공학연구소'라는 연구시설을 보유하고 있으며, 이곳에서는 터널, 고속도로, 교량 등의 보수와 관련된 연구가 이루어지고 있습니다. 콘크리트 보수에 특화된 연구소를 운영하는 기업은 전 세계적으로도 쇼본드 건설 정도밖에 없을 것입니다.

1964년 도쿄올림픽 전후의 고도 성장기에 정비된 도로와 교량들은 현재 노후화 문제에 직면해 있습니다. 과거 주오고속도로 사사고 터널에서 발생했던 붕괴사고와 같은 대형 사고를 방지하려면 신속한 보수가 필요한 상황입니다. 이러한 상황에서 쇼본드 홀딩스의 역할은 더욱 중요해질 전망입니다.

다음은 플랫폼입니다. 플랫폼이란, 서비스나 시스템, 소프트웨어를 제공·커스터마이즈·운영하기 위해 필요한 '공통 토대(기반)가 되는 표준 환경'을 의미합니다.

의료 분야에서 **엠쓰리(2413)**도 높은 진입장벽을 지닌 기업입니다. 엠쓰리는 의료 정보 전문 사이트 'm3.com'을 운영하며 각종 의료정보를 제공하고 있습니다. 이 가운데 대표적인 서비스인 **'MR군'**은 제약회사가 의사들을 대상으로 의약품 관련 정보를 제공하고, 회원으로 등록된 의사들이 이를 자유롭게 열람할 수 있도록 구성되어 있습니다.

현재 일본에는 약 68만 명의 의사가 있으며 이 중 약 80%가

엠쓰리의 회원이라고 합니다. 이 정도 점유율을 확보하면 유사한 비즈니스 모델을 만들어 아성을 무너뜨리려는 경쟁사는 사실상 등장하기 어렵습니다. 더 나아가 엠쓰리는 임상 관련 기업 등을 인수해 의사들이 "이런 증상에는 이 치료법이 효과적이었다" 같은 정보를 공유할 수 있는 시스템도 구축하고 있습니다.

엠쓰리는 국내에서 성공한 비즈니스 모델을 해외 시장에 적용해 미국, 유럽, 중국, 한국 등지로 사업을 확장하고 있습니다. 엠쓰리 그룹이 전 세계에서 운영하는 의료 종사자 대상 웹사이트와 의사 패널에 등록된 의사 수는 약 600만 명에 달합니다. 이쯤 되면 새로운 기업이 진입하기는 사실상 불가능에 가깝습니다.

그 밖에 플랫폼을 보유한 기업을 두 곳 더 소개드리겠습니다.

MonotaRO(3064)
– 간접 자재의 아마존

1,800만 종에 달하는 방대한 라인업으로 공장용 간접 자재 및 공사용품을 온라인으로 판매하고 있습니다. 주요 고객은 국내 중소 제조업체와 개인이며, 자사 웹사이트인 'monotaro.com'을 통해 필요한 자재를 필요할 때 직접 구매할 수 있습니다. 기업 이념은 "자재 조달 네트워크를 혁신한다"입니다. 복잡했던 간접 자재 유통 경로를 인터넷을 통해 간소화하고 현장 작업의

번거로움을 줄여 지속적인 성장을 이어가고 있습니다.

예를 들어, 오후 3시까지 접수된 주문은 원칙적으로 당일 출고되어 다음 날 고객에게 도착합니다. 또한 구매 데이터를 분석해서 인기 품목을 파악하고 운영 효율성을 높이고 있습니다. 총 1,800만 종의 상품과 45만 종의 재고 상품을 단일가라는 투명한 가격 체계로 제공하며, 작업 현장에서는 불필요한 재고를 쌓아두지 않고 필요할 때 필요한 만큼만 주문할 수 있습니다. 고객 구성은 제조업 34%, 건설·공사업 19%, 자동차 관련 업종 12%입니다. 간접 자재 분야의 DX(디지털 트랜스포메이션=디지털을 통한 업무 혁신)라고 할 수 있습니다. 매 분기 두 자릿수의 영업이익 증가를 기록하는 등 실적도 매우 호조를 보이고 있습니다. 진입장벽 또한 높습니다.

리쿠르트 홀딩스(6098)
– 인재 관련 플랫폼 기업

인재 서비스 분야에서 국내 최대 기업입니다. 인재 파견 부문에서는 '리쿠르트 스태핑', '스태프 서비스'를 운영하고 있으며, 이직 관련 서비스로는 '리쿠나비 NEXT', '리쿠르트 에이전트' 등이 있습니다. 현재 실적을 견인하고 있는 부문은 HR 테크놀로지 사업입니다.

HR 테크놀로지 사업은 '**인디드**(indeed)'와 '**글래스도어**(glass-door)'로 구성되어 있습니다. 인디드는 2012년에 인수한 미국 인디드사가 운영하는 세계 최대 규모의 '애그리게이트형' 구인 정보 검색 사이트입니다. 애그리게이션(aggregation)이란 기업 홈페이지나 구인 사이트 등 인터넷에 흩어져 있는 다양한 구인 정보를 한데 모아 구직자가 입력한 검색어에 맞춰 제공하는 기술을 말합니다.

글래스도어는 2018년에 인수한 미국 기업으로, 기업 리뷰 정보를 제공하는 구인 정보 검색 사이트입니다. 이 또한 세계 최대 규모를 자랑합니다. 리뷰 항목은 기업평가, CEO 평가, 인사·복리후생 등의 기본적인 정보부터 채용 면접 질문이나 면접 후기에 이르기까지 다양합니다. 법인 기업 대상으로는 구인광고 관련 브랜딩 솔루션도 제공합니다. 리쿠르트 홀딩스는 190개 국의 국가와 지역 기업에 대한 4,000만 건 이상의 리뷰와 급여 정보가 담긴 온라인 데이터베이스를 보유하고 있습니다. 구인 정보에 사용자 리뷰를 결합함으로써 고용 조건과 근무 환경의 투명성을 높여, 구직자의 구직 활동과 기업 검색 및 평가 방식에 변혁을 가져오고 있습니다.

이상 진입장벽이 높은 기업들을 무작위로 선별해봤습니다.

어떤 히트 상품이 등장하면 동종업계의 다른 회사들도 이를 모방하고, 결국 가격 경쟁이 심화되면서 이익률이 감소하는 것은 매우 흔한 사례입니다. 그런 상황에서도 시장 점유율 1위를 유지하고 있다면 그것은 동종업계의 다른 회사들이 쉽게 진입할 수 없거나, 진입하더라도 1위를 유지할 수 있을 만큼 제품경쟁력이나 브랜드파워를 갖추고 있다는 의미입니다.

시장 점유율 1위 제품이나 서비스를 보유한 회사가 있다면 그들이 왜 압도적인 우위를 차지하고 있는지 분석해보시기 바랍니다. 그러면 그 요소가 진입장벽으로 작용할 수 있을지 판단할 수 있을 것입니다.

시대의 변화에 대응할 수 있는 기업

과거 기업의 가장 큰 목적은 이윤 추구였고, 그 목적을 달성하기 위해 직원들은 과중한 업무에 시달리며 쉴 새 없이 혹사당했습니다. 한편 여성은 보조적인 업무만 맡는 것이 당연시되던 시절도 있었습니다. 환경 문제는 이윤 뒤로 밀려났고, 그 결과 공해가 사회적 문제로 대두되기도 했습니다. 기업 운영 방식 역시 상명하복식 조직 문화가 지배적이었으며, 그로 인해 직장 내 괴롭힘 같은 문제가 발생하기도 했습니다.

그러나 시대가 바뀌었습니다. 이제는 이러한 기업들이 더 이상 살아남기 어려운 시대가 되었습니다. 여성의 활약, 지속 가능한 지구환경, 개발도상국에 대한 지원 등 다양한 요소가 요구되고 있기 때문입니다. 시대의 변화에 발맞추지 못하는 기업은 투자자들로부터 외면받을 수도 있습니다. 뒤에서 설명할 **ESG나 SDGs에 부합하지 않는 기업은 기관 투자자 등 대규모 투자자들의 투자 대상에서 제외되기 때문입니다.** 반대로 이런 변화에 적극적으로 대응하는 기업은 그만큼 투자 대상으로 채택될 가능성이 커지고 주가 퍼포먼스 또한 향상될 수 있습니다.

시대의 변화에 대응할 수 있는 종목

쓰무라(4540)

의약용 한방약 분야에서 국내 점유율 80%. 의과대학에 한방 관련 기부 강좌를 개설해 한방에 대한 이해를 촉진함.

하마마츠 포토닉스(6965)

초미세한 빛도 감지할 수 있는 초고감도 센서 '광전자증배관'으로 세계 점유율 90%. 노벨상 수상학자의 연구에도 기여함.

일본전자(6951)

전자현미경 분야에서 세계 1위. 반도체 제조 공정에 사용되는 전자빔 묘화 장치에도 강함.

시마노(7309)

변속기와 브레이크 부품 등 자전거 부품 분야에서 세계 1위. 본고장인 유럽의 신뢰도 압도적임.

에프피코(7947)

식판업계 최대 기업. 전국 규모의 재활용 시스템을 자체적으로 구축함.

사회 문제에 대한 기업의 자세가 중요해지는 시대

해외 투자자를 중심으로 확산되고 있는 **ESG 투자**란, 환경(Environment), 사회(Social), 기업지배구조(Governance) 등의 요소를 함께 고려하는 투자 방식을 말합니다. 기존의 재무 정보 중심 투자만으로는 환경 부담이나 사회 공헌 등을 충분히 반영하기 어렵다는 관점에서 그 중요성이 점점 커지고 있습니다. 지배구조에는 직원들의 근무 방식도 포함됩니다. 과도한 노동 시간이나 무리한 실적 목표를 강요하는 기업은 투자 대상에서 제외될 가능성이 있습니다.

또한 2015년 UN 정상회의에서 채택된 **SDGs**(Sustainable Development Goals, 지속가능발전목표)의 중요성도 커지고 있습니다. SDGs는 17개의 주요 목표로 구성되어 있으며, 그중에는 '모든 사람에게 건강과 복지를', '양질의 일자리와 경제 성장' 같은 항목도 포함되어 있습니다.

다보스포럼에서 출범한 '비즈니스&지속가능발전위원회'에 따르면, 2030년까지 SDGs 관련 시장은 연간 12조 달러 규모의 신규 수요가 창출될 것으로 예상됩니다. 세부적으로는 재생 가능 에너지 확대 등 에너지·소재 분야에서 4.3조 달러, EV(전기차)와 위생 설비 등 도시 분야에서 3.7조 달러, 식품 폐기물 감소와 농장 기술 등 식량·농업 분야에서 2.3조 달러, 게놈 및 원격 의료 등 건강·복지 분야에서 1.8조 달러로 추산됩니다. 이는 중국의 GDP 14조 7,000억 달러(2020년)에 육박하는 규모입니다. 이제 비즈니스에도 SDGs 관점이 필수 불가결해지고 있는 것입니다.

이러한 흐름은 앞으로의 '투자 테마'와도 밀접하게 연결됩니다(제7장 참조).

ESG 투자, SDGs 투자 종목

니혼가이시(5333)

재생에너지로 생산한 전력을 충방전하는 'NAS' 전지 실용화

스미모토 전기공업(5802)

송전 시 전력손실을 줄이는 '초전도 송전' 개발. 차세대 축전지도 개발 중

도레이(3402)

해수를 담수로 바꾸는 필터 기술력은 세계 최고 수준

스미토모 화학(4005)

천연 유래성분을 활용한 농약 등을 개발

파나소닉(6752)

가정용 연료전지 '에네팜' 실용화. 시가현 자사 거점에 수소 스테이션 건설. EV용 리튬이온 배터리 주요 제조업체

포핀스 홀딩스(7358)

일하는 여성을 지원하기 위해 베이비시터와 간병 재택 서비스, 보육시설 운영 등에 주력. 조달 자금의 사용처를 사회적 과제 해결 사업으로 한정한 일본 최초의 'SDGs-IPO'로 주식 상장

테루모(4543)

환자의 부담이 적은 치료기기 개발 선도

토요타 자동차(7203)

연료 전지차 'MIRAI' 실용화

웨스트 홀딩스(1407)

태양광 발전소 건설, 전력 소매업 진출

톱콘(7732)

토목시공에서 축적한 기술을 농업 분야에 응용. GPS를 활용한 트렉터 자율 주행 시스템과 드론을 이용한 농장 측량 서비스 등을 제공

레노바(9519)

'태양광', '바이오매스', '풍력' 등 다양한 재생에너지 발전소 운영

가오(4452)

세제 등 플라스틱 용기의 완전 재활용화가 목표. 시각장애인을 위해 샴푸와 린스를 만져서 구분할 수 있는 '톱니무늬' 돌기를 업계에 제안

직원 친화적인 기업, 여성의 활약을 지원하는 기업

그 밖의 시대적 변화로는 **'직원을 소중히 여기는 회사'**가 주목받고 있다는 점입니다. 1980년대까지는 무조건 열심히 일하는 사람이 높이 평가받는 것을 당연하게 여겼습니다. 1970년대 초반 고도 성장기나 1989년까지의 버블경제기 역시 마찬가지였습니

다. 당시 자양강장제 TV 광고에서는 "24시간 일할 수 있습니까? 비즈니스맨!"이라는 노래가 크게 울려 퍼졌습니다.

그러나 지금은 근로 방식의 개혁이 진행되면서, 직원들이 얼마나 건강하게 일할 수 있는 환경을 제공하느냐가 기업 평가의 중요한 요소로 자리 잡았습니다. 앞서 언급한 SDGs에는 '모든 사람에게 건강과 복지를', '양질의 일자리와 경제 성장'이라는 항목이 포함되어 있습니다.

이러한 시대의 흐름에 맞춰 경제산업성과 도쿄증권거래소는 **'건강경영 종목'**을 선정해 발표하고 있습니다. 건강경영이란, 직원의 건강 유지와 증진을 위한 노력이 장기적으로 기업의 수익성을 높이는 투자라는 생각을 바탕으로, 직원의 건강관리를 경영적인 관점에서 전략적으로 실천하는 것을 의미합니다.

상장 기업 중 건강경영 실천에 특히 모범적인 기업들이 선정 대상이며, 선정된 종목의 주가는 실제로 TOPIX를 웃도는 경향을 보입니다. 2021년에는 48개 사가 선정되었습니다. 자세한 내용은 별도로 수록한 표를 참고하시기 바랍니다.

근로 방식과 관련해 떠오르는 또 하나의 변화는 여성의 활약입니다. 여성의 사회 진출 기회는 점차 확대되고 있지만, 관리직 등용 부족이나 국회의원 중 여성 비율이 낮은 점 등은 여전히 문제로 지적되고 있습니다. 경단련(일본 경제단체연합회)은 최근 새로운 성장 전략으로 **'2030년까지 임원 중 여성 비율을 30% 이상**

으로 끌어올리겠다'라는 목표를 발표했습니다.

　자산 운용 분야에서도 변화의 움직임이 보입니다. 국민연금을 운용하는 연금적립금관리운용 독립행정법인(GPIF)은 최근 다양성(Diversity)을 중시하는 운용 방식을 도입했으며, 일본 은행이 매입하는 지수연동형 상장지수펀드(ETF)에도 'MSCI 일본 주식 여성 활약지수'가 새롭게 포함되었습니다. 이와 관련해서 경제산업성과 도쿄증권거래소는 공동으로 '**나데시코 브랜드**'[7]를 선정하고 있습니다. 선정 기준은 여성 활약 추진법에 따라 행동계획을 수립한 기업일 것과 후생노동성의 '여성 활약 추진기업 데이터베이스'에 여성 관리자 비율을 공개한 기업일 것, 그리고 여성 이사가 1명 이상일 것이 조건입니다. 여기에 ROE(자기자본이익률) 등의 재무지표로 가점을 부여해 최종 선정이 이루어집니다. 2020년 선정 종목은 별도로 수록한 표를 참고하세요.

　'건강경영 종목'과 '나데시코 브랜드' 모두 경제산업성과 도쿄증권거래소 홈페이지에서 확인할 수 있으며, 개별 선정 요인도 설명되어 있습니다. 자세한 사항은 해당 사이트를 참고하시기 바랍니다. 물론, 선정되었다고 해서 반드시 주가 상승이 기대되는 것은 아닙니다. 어디까지나 참고용 정보임을 유의하시기 바랍니다.

---

7) 나데시코 브랜드 : 일본 경제산업성과 도쿄증권거래소가 여성의 활발한 기업 활동 참여를 장려하기 위해 2012년에 도입한 프로그램. 여성들의 직장 내 권한·지위 강화 측면에서 볼 때 우수성이 눈에 띄는 상장 기업들을 대상으로 선정한다.

1332	일본수산
1605	국제석유개발 테이세키
1887	일본국토개발
2502	아사히그룹 홀딩스
2802	아지노모토
2871	니치레이
3591	와코루 홀딩스
3891	닛폰코도시공업
4204	세키스이화학공업
4452	가오
4461	제일공업제약
4901	후지필름 홀딩스
4506	다이닛폰 스미토모제약
5195	반도화학
5332	TOTO
5471	다이도 특수강
5957	닛토정공
6271	닛세이
4902	코니카미놀타
6448	브라더공업
6508	메이덴샤
6645	오므론
6702	후지쯔

7751	캐논
7203	토요타 자동차
4543	테루모
7701	시마즈 제작소
7911	돗판 인쇄
9502	주부전력
9005	도큐
9104	쇼센미쓰이
4013	킨지로(구 닛츠 시스템)
4689	LY 주식회사(구 Z 홀딩스)
9432	일본전신전화(NTT)
9687	KSK
9719	SCSK
2768	소지쯔
8015	토요타 통상
2651	로손
8252	마루이 그룹
8411	미즈호 파이낸셜그룹
8601	다이와증권 그룹 본사
8630	SOMPO 홀딩스
8766	도쿄해상 홀딩스
8566	리코리스
3289	도큐 부동산 홀딩스
2412	베네핏 원
6078	밸류 HR

2020년도 나데시코 브랜드

2502	아사히 그룹 홀딩스
2503	기린 홀딩스
5020	ENEOS 홀딩스
1911	스미토모임업
1928	세키스이하우스
3401	테이진
3861	오지 홀딩스
4183	미쓰이화학
4204	세키스이화학공업
4631	DIC
4911	시세이도
4519	주가이제약
5201	AGC
5401	일본제철
5802	스미토모전기공업
5938	LIXIL
6367	다이킨공업
6471	일본정공
6645	오므론
6856	호리바 제작소
7259	아이신정기
7701	시마즈 제작소
7862	톳판폼즈

7911	돗판 인쇄
9531	도쿄가스
9005	도큐
9104	쇼센미쓰이
4307	노무라 종합연구소
9613	NTT데이터
9719	SCSK
2768	소지쯔
8031	미쓰이물산
8053	스미토모상사
2651	로손
8252	마루이그룹
8267	이온
8306	미쓰비시 UFJ 파이낸셜그룹
8331	치바은행
8416	고치은행
8601	다이와증권 그룹 본사
8630	SOMPO 홀딩스
8725	MS&AD 인슈어런스 그룹 홀딩스
8905	이온몰
2375	긱 웍스
6069	트렌더스

제 **4** 장

승률을 높이는 기본적인 펀더멘털 분석

톱다운 방식과
바텀업 방식

이번 장에서는 종목 선택 방법의 하나인 톱다운 방식과 바텀업 방식에 관해 설명하겠습니다.

톱다운 방식이란, 경기나 시장 동향 등 거시적인 투자 환경을 예측한 후 섹터(업종 등의 그룹)나 개별 종목을 선택해나가는 방식입니다. 예를 들어, 국내외 경제 상황을 분석해 유망한 산업을 예측하고, 그중에서 해당 분야에 기술력이 가장 뛰어나다고 판단되는 A사를 선택하는 식입니다.

또 다른 예로는, 현재(원서 출간 시점인 2021년 기준) 바이든 미국 대통령이 환경 문제에 집중하고 스가 내각도 이에 보조를 맞추고 있어 탈탄소화가 향후 경제의 주요 테마가 될 가능성이 있습니다. 특히 전기차(EV) 전환이 가속화될 것으로 보이며, 이로 인해 전고체 배터리를 개발 중인 B사에 비즈니스 기회가 찾아올 것이라는 전망도 가능합니다.

톱다운 방식에 주목하다 보면, 평소 무심코 보던 신문이나 TV

종목을 선정하는 2가지 접근법

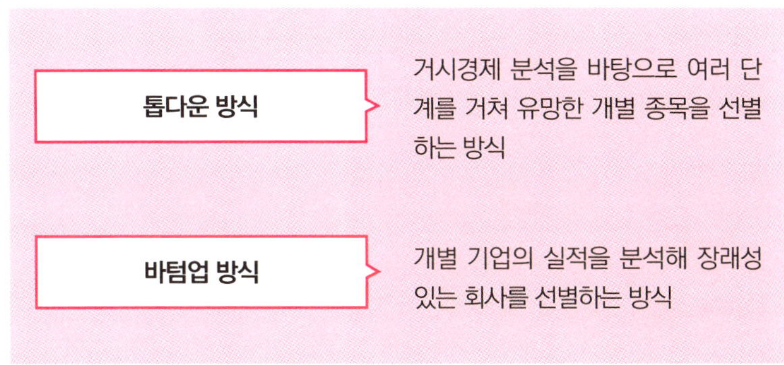

뉴스도 전과는 다른 관점으로 바라볼 수 있게 됩니다.

한편 **바텀업 방식은 일반적으로 펀드 매니저나 애널리스트로 불리는 전문가들이 개별 기업을 분석한 후 투자할 회사를 선별해나가는 방식**입니다. 그렇다고 바텀업 방식이 전문가들만의 전유물은 아닙니다. 예를 들어, 쇼핑하다가 'C사의 과자가 잘 팔리는 것 같은데 맛은 어떨까? 한번 사 먹어보자', 또는 '전에 외식하러 갔던 가게 정말 맛있었어. 그 가게를 운영하는 D사는 아마 상장기업이었지. 실적을 조사해볼까?'라고 생각하는 것도 모두 훌륭한 바텀업 방식입니다. 일상생활 속에서 다양한 관찰과 호기심을 갖고 세상을 바라보는 자세가 중요합니다.

앞에서 장기 투자에 적합한 회사가 어떤 특징을 가졌는지 3가지 조건을 중심으로 설명했습니다. 이 3가지 조건은 바텀업 방식에 기반한 것으로, 이 조건을 충족하는 기업이라면 투자 대상

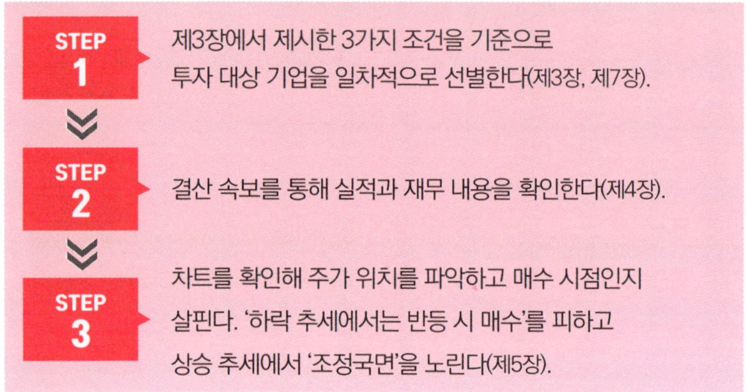

으로 검토할 가치가 있습니다.

이 3가지 조건을 기준으로 일차적으로 기업을 선별한 뒤, 해당 기업의 실적과 재무 상태를 점검해 최종적으로 투자 여부를 판단합니다.

결산 단신 첫 페이지로
실적을 빠르게 확인한다

회사의 실적은 결산 완료 후 보통 45일 이내에 발표됩니다. 일본의 경우 3월 말이 결산 기말인 회사가 많기 때문에, 3월 결산을 마친 기업들이 실적을 발표하는 시기는 4월 하순부터 5월 중순 사이에 집중됩니다.

현재 일본 기업은 분기 결산 제도를 채택하고 있어, 이 시기에 발표되는 실적은 1~3월 4분기 결산과 1년 전체를 종합한 본결산입니다(118페이지 참조). 다만 혼동을 피하기 위해 여기서는 1년간의 본결산에 초점을 맞추겠습니다. 그 외에도 7월 하순부터 8월 중순에는 4~6월 1분기 결산, 10월 하순부터 11월 중순에는 4~10월 2분기 결산, 1월 하순부터 2월 중순에는 4~12월 3분기 결산이 발표됩니다. 이 중 가장 최근 3개월간의 결산도 함께 확인할 수 있습니다.

최신 실적을 파악할 때는 '**결산 단신**'을 확인합니다. 결산 단신은 상장 기업이 발표하며, 발표와 동시에 일본거래소그룹(JPX)

홈페이지의 '적시 공시 정보 열람 서비스'와 각 기업 홈페이지의 **'IR 정보'**에서 확인할 수 있습니다. 결산 단신에는 경영성적, 재무 상황, 현금흐름 등의 정보가 간략하게 요약되어 있습니다. 페이지 수는 기업에 따라 다릅니다.

예를 들어, **일본전산(6594)**의 2021년 3월기 본결산 단신은 무려 32페이지였습니다. 상당한 분량입니다. 그런데 왜 '단신(短信)'이라고 불릴까요? 그것은 이후에 기업이 더 상세한 내용을 담은 **'유가증권보고서'**를 제출해야 할 의무가 있기 때문입니다. 이 보고서에는 공장부지 면적이나 설비 내역 등 상세한 내용이 기재되며, 그 분량도 단신과는 비교할 수 없을 만큼 방대합니다. 증권 애널리스트 같은 전문가들은 이 유가증권 보고서까지 분석하지만, 개인 투자자 입장에서는 굳이 볼 필요 없습니다. **결산 단신은 첫 페이지만 파악해도 충분**합니다.

　실은 저도 증권회사에서 주식 신문사로 이직했을 당시, 기업을 취재하면서 재무제표 읽는 법을 몰라 고생한 경험이 있습니다. 그래서 퇴근 후 몇 년간 회계학원에 다녔습니다. 물론 자비로 말이죠. 게으름만 피우던 대학 시절보다 훨씬 열심히 공부했습니다. 하지만 걱정하지 않으셔도 됩니다. 투자를 고려할 때는 전문적인 회계 지식이 없어도 충분합니다. 세세한 부분까지 하나하나 따질 필요는 없습니다.

　기업의 재무 상태를 파악할 때 필요한 것은 **‘손익계산서’, ‘대차대조표’, ‘현금흐름표’, 이 3가지**입니다. 손익계산서는 1년간의 매출과 이익 등 경영 실적을 보여주는 문서입니다. 대차대조표는 결산일 기준의 재무 상태를 나타냅니다. 현금흐름표는 손익계산서나 대차대조표만으로는 파악할 수 없는 자금의 흐름을 보완하는 자료로, 자금을 어떻게 조달하고 어떻게 사용했는지 정리한 표입니다. 결산 단신에는 이러한 내용이 모두 담겨 있으며, 이 모든 정보가 집약된 곳이 바로 결산 단신 첫 페이지입니다.

　일본전산의 결산 단신 첫 페이지(120페이지 자료)를 보면 맨 위에는 ‘1. 2021년 3월기 연결실적(2020년 4월 1일~2021년 3월 31일)’이라는 항목이 기재되어 있습니다. 그 아래로는 ‘2. 배당현황’, ‘3. 2022년 3월기 연결실적 전망(2021년 4월 1일~2022년 3월 31일)’이 이어집니다.

　‘1.’ 항목 아래에는 소항목으로 ‘(1) 연결경영실적’이 표시됩니다. 이 항목에는 일본전산의 2021년 3월기(2020년 4월~2021년 3월)까지 1년간의 '회사 성적'이 기재되어 있습니다. 이것이 간략화된 손익계산서입니다.

일본전산 2021년 3월기 말 본결산 단신

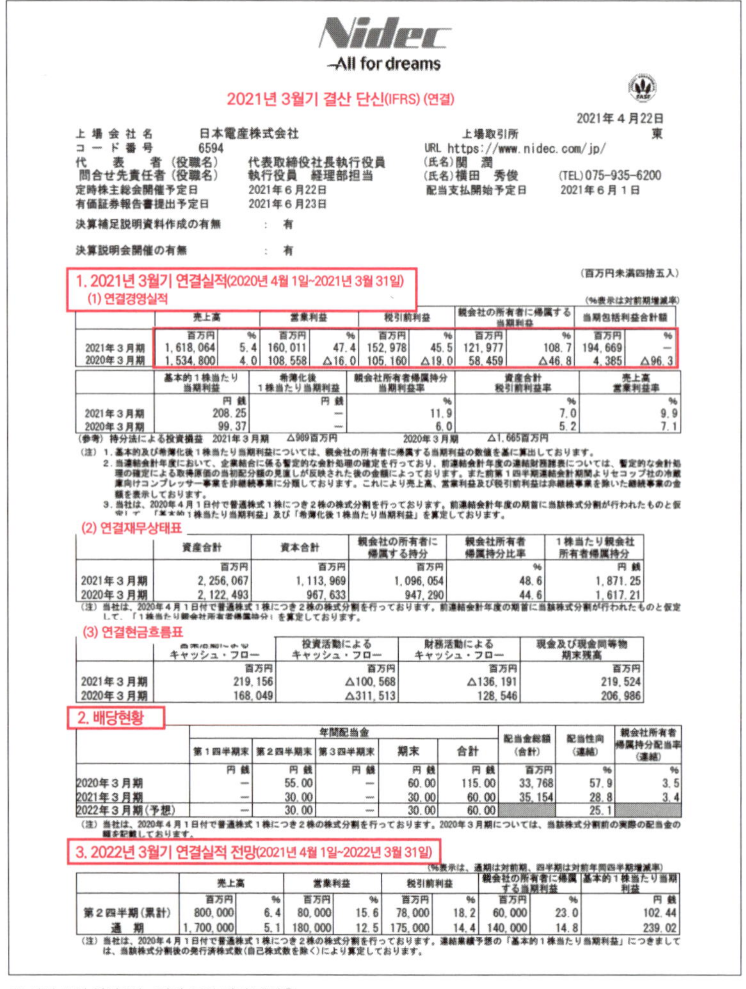

Nidec — All for dreams

2021년 3월기 결산 단신(IFRS) (연결)

2021年4月22日
東

上場会社名	日本電産株式会社		
コード番号	6594	上場取引所	東
		URL https://www.nidec.com/jp/	
代 表 者 (役職名)	代表取締役社長執行役員	(氏名)関 潤	
問合せ先責任者 (役職名)	執行役員 経理部担当	(氏名)横田 秀俊	(TEL)075-935-6200
定時株主総会開催予定日	2021年6月22日	配当支払開始予定日	2021年6月1日
有価証券報告書提出予定日	2021年6月23日		
決算補足説明資料作成の有無	： 有		
決算説明会開催の有無	： 有		

1. 2021년 3월기 연결실적(2020년 4월 1일~2021년 3월 31일)

(1) 연결경영실적

(百万円未満四捨五入)

(%表示は対前期増減率)

	売上高		営業利益		税引前利益		親会社の所有者に帰属する当期利益		当期包括利益合計額	
	百万円	%	百万円	%	百万円	%	百万円	%	百万円	%
2021年3月期	1,618,064	5.4	160,011	47.4	152,978	45.5	121,977	108.7	194,669	—
2020年3月期	1,534,800	4.0	108,558	△16.0	105,160	△19.0	58,459	△46.8	4,385	△96.3

	基本的1株当たり当期利益	希薄化後1株当たり当期利益	親会社所有者帰属持分当期利益率	資産合計税引前利益率	売上高営業利益率
	円 銭	円 銭	%	%	%
2021年3月期	208.25	—	11.9	7.0	9.9
2020年3月期	99.37	—	6.0	5.2	7.1

(参考) 持分法による投資損益　2021年3月期　△989百万円　2020年3月期　△1,665百万円

(注) 1. 基本的及び希薄化後1株当たり当期利益については、親会社の所有者に帰属する当期利益の数値を基に算出しております。
2. 当連結会計年度において、企業結合に係る暫定的な会計処理の確定を行っており、前連結会計年度の連結財務諸表については、暫定的な会計処理の確定による取得原価の当初配分額の見直しが反映された後の金額によっております。また前第1四半期連結会計期間よりセコップ社の冷蔵庫向けコンプレッサー事業を非継続事業に分類しております。これにより売上高、営業利益及び税引前利益は非継続事業を除いた継続事業の金額を表示しております。
3. 当社は、2020年4月1日付で普通株式1株につき2株の株式分割を行っております。前連結会計年度の期首に当該株式分割が行われたものと仮定して「基本的1株当たり当期利益」及び「希薄化後1株当たり当期利益」を算定しております。

(2) 연결재무상태표

	資産合計	資本合計	親会社の所有者に帰属する持分	親会社所有者帰属持分比率	1株当たり親会社所有者帰属持分
	百万円	百万円	百万円	%	円 銭
2021年3月期	2,256,067	1,113,969	1,096,054	48.6	1,871.25
2020年3月期	2,122,493	967,633	947,290	44.6	1,617.21

(注) 当社は、2020年4月1日付で普通株式1株につき2株の株式分割を行っております。前連結会計年度の期首に当該株式分割が行われたものと仮定して、「1株当たり親会社所有者帰属持分」を算定しております。

(3) 연결현금흐름표

	営業活動によるキャッシュ・フロー	投資活動によるキャッシュ・フロー	財務活動によるキャッシュ・フロー	現金及び現金同等物期末残高
	百万円	百万円	百万円	百万円
2021年3月期	219,156	△100,568	△136,191	219,524
2020年3月期	168,049	△311,513	128,546	206,986

2. 배당현황

	年間配当金					配当金総額(合計)	配当性向(連結)	親会社所有者帰属持分配当率(連結)
	第1四半期末	第2四半期末	第3四半期末	期末	合計	百万円	%	%
	円 銭	円 銭	円 銭	円 銭	円 銭			
2020年3月期	—	55.00	—	60.00	115.00	33,768	57.9	3.5
2021年3月期	—	30.00	—	30.00	60.00	35,154	28.8	3.4
2022年3月期(予想)	—	30.00	—	30.00	60.00		25.1	

(注) 当社は、2020年4月1日付で普通株式1株につき2株の株式分割を行っております。2020年3月期については、当該株式分割前の実際の配当金の額を記載しております。

3. 2022년 3월기 연결실적 전망(2021년 4월 1일~2022년 3월 31일)

(%表示は、通期は対前期、四半期は対前年同四半期増減率)

	売上高		営業利益		税引前利益		親会社の所有者に帰属する当期利益		基本的1株当たり当期利益
	百万円	%	百万円	%	百万円	%	百万円	%	円 銭
第2四半期(累計)	800,000	6.4	80,000	15.6	78,000	18.2	60,000	23.0	102.44
通 期	1,700,000	5.1	180,000	12.5	175,000	14.4	140,000	14.8	239.02

(注) 当社は、2020年4月1日付で普通株式1株につき2株の株式分割を行っております。連結業績予想の「基本的1株当たり当期利益」につきましては、当該株式分割後の発行済株式数(自己株式数を除く)により算定しております。

※ 실제 수치 옆의 %는 전년 동기 대비 증가율

매출액을 시작으로 영업이익, 세전이익 등 주요 이익 항목의 금액과 전년 대비 수치가 기록되어 있으며, 두 번째 줄에는 주당이익 항목과 매출액 영업이익률 등이 나열되어 있습니다. 각 이익 항목의 의미는 다음과 같습니다.

- **영업이익** ⋯ 해당 기업이 본업을 통해 벌어들인 이익을 말합니다.
- **경상이익** ⋯ 영업이익에 재무적인 요소를 더한 수치. 즉 본업으로 벌어들인 영업이익에 금리나 환율 등 본업 외 활동에서 발생한 손익을 반영해 계산한 수치로, 사업 전체의 수익성을 보여주는 지표입니다.
- **세전이익** ⋯ 경상이익에서 특별이익이나 특별손실을 반영해 산출한 이익입니다. 특별이익이나 특별손실은 사업과는 관계없는 부분에서 발생한 이익이나 손실을 말합니다. 예를 들어, 자회사 주식을 매각해서 얻은 이익은 특별이익에 포함됩니다.
- **모회사 소유주에게 귀속되는 분기순이익** ⋯ 회계 용어라 다소 어렵게 느껴지지만, 쉽게 말해 당기순이익을 뜻합니다. 당기순이익은 세전이익에서 법인세, 사업세, 지방세 등 각종 세금을 공제한 금액입니다.

종목을 선택할 때는 '탑라인(Top Line)'이라고 불리는 매출액이 꾸준히 증가하고 있는지 확인하는 것이 중요합니다. 제조업이든 소매업이든 매출이 없으면 이익 창출 자체가 불가능하기 때문입니다. 매출이

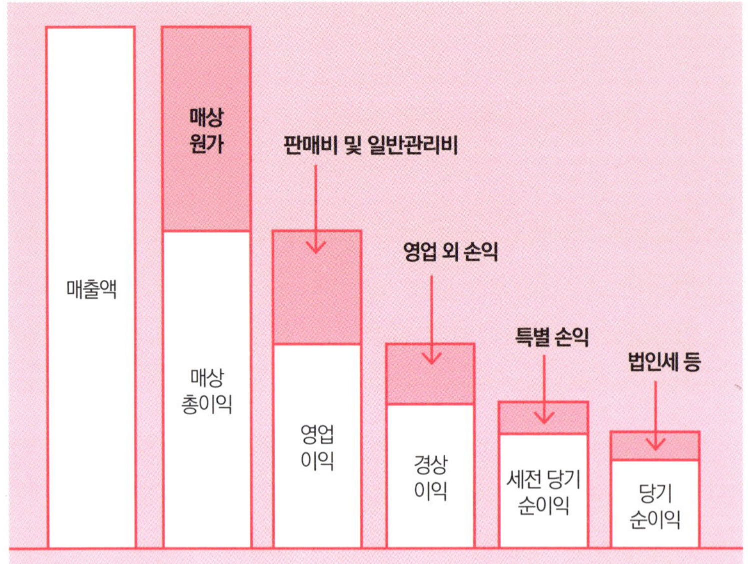

감소한다는 것은 이익을 창출할 수 있는 '파이' 자체가 줄고 있다는 의미이므로 지난 분기와 비교해 매출이 안정적으로 성장하고 있는지 반드시 확인해야 합니다.

이익의 정의는 앞서 설명해드렸지만, **기본적으로는 영업이익만 확인해도 충분**합니다. 영어로는 오퍼레이팅 프로핏(Operating Profit, 본업으로 벌어들인 이익)이라고 하며, 이 지표가 특히 중요합니다. 일본전산의 경우, 매출과 영업이익 모두 순조롭게 증가하고 있음을 확인할 수 있습니다. 그 아래에는 2020년 3월기의 실적도 공개되어 있으며, '3.' 항목에서는 2022년 3월기 전망도 제시되어 있어 매출과 이익의 흐름을 포함한 최근 3년간의 데이터를 확인할 수 있습니다. 이를 통해 기업의 전반적인 실적을 파악할 수 있을 것입니다.

여유가 있다면 경상이익이나 당기순이익도 함께 확인하는 것이 좋습니다. 특히 최종 손익 상황에서는 예측 불가능한 이익이나 손실이 발생할 수 있습니다. 예를 들어, 토지 매각으로 인한 일회성 이익은 큰 문제가 되지 않지만, 투자 실패로 막대한 손실이 발생했다면 이후 재무 상황에 영향을 줄 수 있습니다.

영업이익이나 경상이익이 지속적으로 마이너스, 즉 적자를 기록하는 기업에 투자하는 것은 일단 보류하는 편이 좋습니다. 다만 리먼 사태나 코로나 사태처럼 일시적인 경제 충격으로 인해 이익이 크게 감소한 경우는 예외입니다.

앞서 말씀드렸듯이 그 기업 자체가 장기 보유할 만한 요소를 갖추고 있다면, **단지 일시적인 충격으로 인해 매출이나 이익이 감소한 것뿐이라면 오히려 투자 기회가 될 수도 있습니다.** 이러한 판단은 투자자 개개인의 안목에 달려 있지만, **장기 투자를 염두에 둔다면 주가가 크게 하락한 시점이 오히려 매수의 기회가 될 수도 있습니다.**

참고로 장기 투자자라면 분기별 결산 단신은 그다지 중요하게 생각하지 않아도 좋습니다. 분기 실적에 따라 단기적으로 주가가 출렁일 수는 있지만, 중장기적인 추세에는 이러한 단기 변동이 일반적으로 큰 영향을 미치지 않기 때문입니다. 다만 **본결**

대차대조표

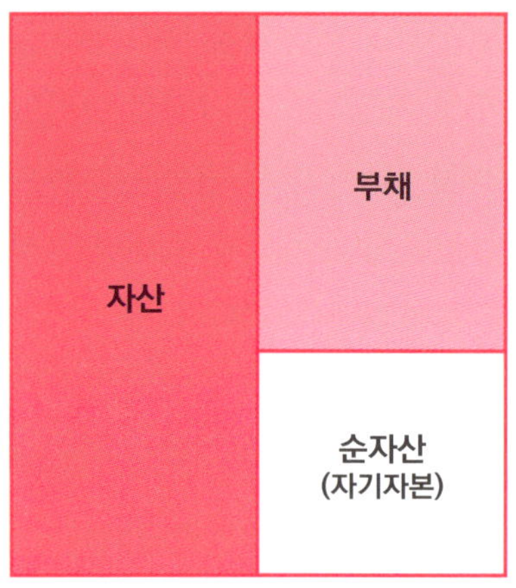

다음으로 (2) '연결재무상태표'는 기업의 재무 상황을 나타내는 항목으로, 대차대조표의 축약판입니다. 즉 **해당 기업의 재무적 안전성을 가늠하는 지표**라고 할 수 있습니다. 이 중 '자본총계'는 주식 발행을 통해 조달한 자금과 그동안의 사업을 통해 쌓은 이익의 누적분을 더한 금액입니다. 위쪽 자료에는 순자산(자기자본)으로 표시되어 있는데, 이는 해당 기업에 투자한 주주들의 자본을 의미하기도 합니다.

반면 '자산총계'는 위의 자본(자기자본)과 은행 등에서 차입한 자금(=부채)을 더해 조달한 재원으로, 회사가 사업을 운영하는 데 필요한 공장, 기계, 부동산, 현금, 예금, 매출채권, 재고자산 등 모든 자산을 포괄한 금액입니다. 즉, 기업이 수익을 창출하기 위해 필요한 모든 자산을 의미합니다.

자산총계에서 자본총계가 차지하는 비율이 바로 **'자기자본비율'**입니다. 자산총계가 아무리 커도 자기자본비율이 지나치게 낮으면 그만큼 부채에 의존해서 조달한 자산의 비중이 높다는 의미입니다. 일반적으로 부채 규모가 클수록 상환 부담이 크고, 경영이 불안정해질 위험도 커지기 때문에 재무적 안전성이 부족하다고 평가됩니다. 반대로 자기자본비율이 높을수록 상환해야 할 자금이 적어 재무적으로 더 안전성이 높다고 할 수 있습니다.

안전성 지표 '자기자본비율'

50% 정도면
매우 양호하며,
적어도 30% 정도는
확보해두는 것이 좋다.

참고로 일본전산의 경우, '모회사 소유자에게 귀속되는 지분'이 자산총액의 몇 퍼센트를 차지하는지, 그 비율이 표시되어 있습니다. 2021년 3월기의 경우, 해당 비율은 48.6%였습니다. 총자산 중 자기자본으로 충당되는 비율이 48.6%라는 의미입니다. 기본적으로 자기자본 비율이 50% 정도면 상당히 양호한 수준이며, 최소한 30% 정도는 확보하는 것이 바람직합니다. 세부적인 사항은 차치하더라도 자기자본비율이 극단적으로 낮은 기업은 투자 대상으로 고려하기 어렵습니다.

결산 단신을 계속 읽어보면, 실제 '손익계산서'와 '대차대조표'가 실려 있습니다. 관심이 생기면 추후 해당 항목들도 직접 살펴보시기를 바랍니다. 세부 항목에 궁금증이 생겼을 때 많은 도움이 될 것입니다.

도산 여부는 현금흐름에 달려 있다

다음으로 (3) '연결현금흐름표'라는 항목이 있습니다. 현금흐름 계산서의 간략판이라고 보시면 됩니다.

현금흐름이란, 말 그대로 회사의 자금 흐름을 나타낸 것입니다. 흔히 '자금 운용'이라고도 합니다. **자금 운용이 악화되면 회사가 흑자를 내고 있어도 도산 위험이 커지고, 반대로 실적이 적자더라도 현금흐름이 안정적이면 사업 지속 가능성이 커집니다.**

예전에 한 지인이 상장 기업 자회사의 사장이 된 적이 있습니다. 그는 경영을 하며 다음과 같이 통감했다고 합니다.

"경영자가 되고 나서 현금흐름의 중요성을 절감했다. 자금 흐름이 멈추는 순간 회사는 막다른 길에 몰릴 수 있다."

그만큼 자금 운용은 기업 경영에 있어 매우 중요합니다. 그 이유는 무엇일까요? 사람들은 흔히 매출과 이익이 꾸준히 발생하는 회사는 아무 문제가 없을 것으로 생각합니다.

그러나 실제로는 대규모 상품 매입을 차입금으로 충당하거나, 과도한 설비 투자를 단행해 현금이 바닥나는 경우도 있습니다. 분명히 수익이 발생하고 있음에도 불구하고 사소한 이유로 지급이 지연되면서 자금 운용이 악화될 수도 있습니다. 자금 운용이 막혀 지급이 중단되면 은행 대출도 어려워지면서 현금이 더욱 돌지 않는 상황이 이어지기도 합니다. 이른바 '흑자도산(黑字倒産)'이 일어날 수도 있는 것입니다. 이를 점검할 수 있는 것이 바로 현금흐름표입니다.

현금흐름표는 **'영업 활동에 의한 현금흐름', '투자 활동에 의한 현금흐름', '재무 활동에 의한 현금흐름'** 이렇게 3가지 항목으로 구성되어 있습니다.

너무 어렵게 생각할 필요는 없습니다. 회사의 자금흐름은 영업 활동, 투자 활동, 재무 활동이라는 3가지 활동에서 발생합니다. 현금흐름표는 활동별로 자금의 흐름을 정리해서 보여주는 문서입니다.

각 항목의 의미는 다음과 같습니다.

① **영업 활동에 의한 현금흐름** … 본업을 통해 얼마만큼의 현금이 움직였는지를 보여주는 항목입니다. 회사는 제품이나 서비스를 판매해 현금을 얻고 그 과정에서 재료 구입, 광고 및 홍보, 직원 급여, 세금 납부 등 각종 비용이 지출됩니다. 이 현금수령액이 각종 지출액을 초과하면 영업 현금흐름은 흑자(플러스)를 기록하게 됩니다.

② **투자 활동에 의한 현금흐름** … 회사는 공장을 신설해서 생산력을 높이거나 타 기업을 인수하는 등 다양한 '투자' 활동을 수행합니다. 투자 활동 현금흐름은 투자를 하면 마이너스가 되고, 투자한 자금을 회수하면 플러스가 되는데, 일반적으로 회사는 항상 다양한 투자를 진행하기 때문에 투자 활동 현금흐름은 마이너스가 되는 경우가 많습니다.

③ **재무 활동에 의한 현금흐름** … 자금조달과 상환에 따른 자금흐름을 나타냅니다. 은행 대출이나 채권 발행으로 자금을 조달하면 재무 활동 현금흐름은 플러스가 되고, 상환하면 마이너스가 됩니다.

각 항목을 개별적으로 파악하는 것도 중요하지만 자금 운용 상태를 더욱 쉽게 파악하려면 **'잉여현금흐름(FCF, Free Cash Flow, 프리 캐시플로우)'** 수치를 살펴보는 것이 좋습니다.

잉여현금흐름이란, 영업 활동 현금흐름에서 투자 활동 현금흐름을 차감한 금액입니다. 영업으로 벌어들인 현금 중에서 회사

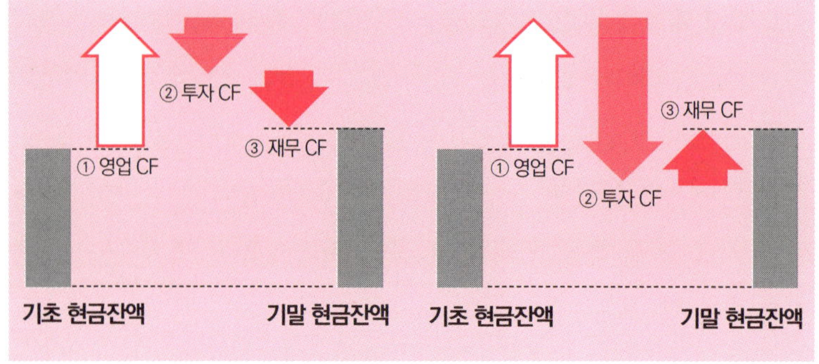

운영에 필요한 설비 투자 자금을 제외하고 자유롭게 사용할 수 있는 자금, 이것이 바로 잉여현금흐름입니다. 바꿔 말하면, 본업으로 벌어들인 수익으로 투자를 충당할 수 있다는 의미입니다.

다만, 잉여현금흐름이 마이너스라고 해서 반드시 문제가 있는 것은 아닙니다. 아래 자료의 오른쪽처럼 한창 성장 중인 회사는 적극적으로 투자 활동을 진행하기 때문에 투자 활동 현금흐름

일본전산 2021년 3월기 말 현금흐름표

연결현금흐름표

일본전산(주) (6594) 2021년 3월기 결산 단신

(単位 : 百万円)

営業活動によるキャッシュ・フロー	前連結会計年度 （自　2019年4月1日 至　2020年3月31日）	当連結会計年度 （自　2020年4月1日 至　2021年3月31日）
継続事業からの当期利益	75,376	122,845
非継続事業からの当期利益（△損失）	△15,707	△228
当期利益	59,669	122,617
営業活動による純現金収入との調整		
有形固定資産減価償却費	74,624	80,930
その他の償却費	13,184	15,872
固定資産売却損益、除却損及び減損損失	1,269	2,011
非継続事業の売却損失	14,167	228
金融損益	△404	2,008
持分法による投資損益	1,665	989
繰延税金	3,541	△185
法人所得税費用	27,850	30,318
為替換算調整	4,359	△8,778
退職給付に係る負債の増加（△減少）	881	△459
営業債権の減少（△増加）	25,005	△28,979
棚卸資産の減少（△増加）	3,071	△9,416
営業債務の増加（△減少）	△24,111	68,252
その他－純額	△9,624	△26,491
利息及び配当金の受取額	9,294	3,540
利息の支払額	△9,056	△5,396
法人所得税の支払額	△27,335	△27,905
営業活動によるキャッシュ・フロー	168,049	219,156

일본전산의 결산 단신에 따르면, 영업 활동에 의한 현금흐름은 2,191억 5,600만 엔이었습니다. 결산 단신 다음 페이지에는 투자 활동에 의한 현금흐름이 마이너스 1,005억 6,800만 엔으로 기재되어 있습니다. 따라서 잉여현금흐름은 차감하면 1,185억 8,800만 엔의 흑자입니다. 투자는 적극적으로 이루어지고 있지만, 본업에서 확보한 현금이 활발한 투자 활동을 충당하고도 남는 수준임을 보여줍니다.

이 대폭 마이너스를 기록하고, 그 결과 잉여현금흐름 역시 마이너스가 되는 경우가 있습니다.

　따라서 **현재 살펴보고 있는 회사가 성장기인지 아니면, 성숙기에 접어들었는지 그 단계를 파악하는 것이 중요합니다.** 이미 성숙기에 접어든 회사임에도 불구하고 잉여현금흐름이 계속 마이너스를 기록하고 있다면, 자금 운용에 문제가 있는 것은 아닌지 의심해볼 필요가 있습니다. 그런 의미에서 잉여현금흐름을 비롯한 현금흐름표를 확인할 때는 단기 수치에만 집중하기보다 연도별 추이를 함께 살펴보는 것이 중요합니다.

매수 타이밍에 도움이 되는 주가 지표

투자를 고려 중인 회사의 주가가 고평가된 상태인지, 저평가된 상태인지 판단할 때 사용하는 '주가 지표'라는 것이 있습니다. PER이나 PBR이라는 용어를 들어본 적이 있으신가요?

우선 기본적인 개념부터 설명하겠습니다.

PER(Price Earnings Ratio)은 **'주가 수익률'**을 의미합니다. PER은 주가를 1주당 순이익으로 나눠 계산합니다. 순이익이란, 세전 당기이익에서 법인세나 사업세 등을 차감하고 남은, 순수하게 회사 주머니에 들어갈 수 있는 이익을 말합니다. 이 총액을 발행 주식 수로 나누면 1주당 순이익(EPS : Earnings Per Share)이 됩니다.

현재 주가가 **1주당 순이익의 몇 배인지를 보여주는 지표가 바로 PER**입니다. 예를 들어, 1주당 순이익이 70엔인 회사의 주가가 2,100엔이라면 PER은 30배가 됩니다. 이는 향후 30년 동안의 이익을 반영한 주가라고 볼 수 있습니다. 성장률이 매우 높은 신홍기업의 경우 PER이 100배에 달하는 사례도 있어서 몇 배가 적정수준인지 일률적으로 판단하기는 어렵습니다. 따라서 PER을 확인할 때는 해당 기업과 동종업계 기업의 **PER을 비교하거나, 과거의 연도별 PER과 비교해서 상대적으로 현재 수준을 평가하는 것이 바람직합니다.**

$$PER = \frac{주가}{예상\ 1주당\ 순이익(EPS)}$$

120페이지의 일본전산 결산 단신에 따르면, '3. 2022년 3월기 연결실적전망(연간)' 항목에 기재된 예상 1주당 순이익은 239.02엔입니다. PER(주가 수익률)은 주가를 1주당 순이익으로 나눠서 계산하므로, 4월 30일 기준 일본전산의 주가는 12,655엔이고 PER은 52.9배입니다. **도쿄증권거래소 전체 종목 평균이 약 16배인 점을 고려하면 일본전산의 PER은 상당히 높은 수준입니다.**

참고로 '1.'의 '(1) 연결경영실적' 두 번째 항목에는 '모회사 소유주 귀속 지분 당기이익률'이 기재되어 있으며, 2021년 3월기는 11.9%입니다. 회계 용어라 다소 어렵게 들릴 수 있지만, 이는 **자기자본이익률**(ROE : Return On Equity)을 나타냅니다. ROE는 기업이 주주로부터 조달한 자본을 얼마나 효율적으로 운용해서 이익을 창출했는지 보여주는 지표입니다. 특히 외국인 투자자들은 이 지표를 매우 중시하는 경향이 있습니다. 일반적으로

ROE가 10% 이상이면 우수한 수준으로 평가받습니다.

다음은 **PBR**(Price Book-value Ratio)입니다. PBR은 **'주가순자산비율'**을 의미하며, 주가를 '1주당 순자산'(BPS : Book-value Per Share)으로 나눠 계산합니다.

순자산이란, 총자산에서 부채를 뺀 금액으로, 회사가 보유한 순수한 자산 가치를 의미합니다(124페이지 자료 참조). 따라서 PBR이 1배라는 것은 회사의 순자산 가치와 주가가 동일하다는 뜻입니다. 즉 **PBR이 1배 미만이면 순자산 가치에 비해 주가가 저평가된 것이고, 1배를 초과하면 순자산 가치에 비해 주가가 고평가된 것**으로 볼 수 있습니다.

참고로 2020년 3월 코로나 사태 당시 닛케이지수의 평균 PBR이 0.82배까지 하락했습니다. 이는 도쿄증권거래소 1부 상장 기업들의 주가가 그만큼 저평가되었음을 보여줍니다. 이후 주가는 바닥을 찍고 반등했습니다. 즉 PBR이 1배를 크게 밑도는 경우는 주가가 바닥을 찍었다는 신호로 해석할 수 있습니다.

이제 일본전산의 사례를 살펴보겠습니다. '(2) 연결재무상태' 항목의 오른쪽 끝에는 '1주당 모회사 소유자 귀속 지분'이라는 항목이 있습니다. 다소 이해하기 어려운 표현이지만 이는 '1주당 순자산'을 의미합니다. 회사의 청산가치를 나타내는 지표라고 할 수 있습니다. 2021년 3월기 기준 해당 수치는 1,871.25엔입니다. 이 금액을 주가로 나눈 것이 PBR(주가순자산비율)이며,

일본전산의 경우(4월 30일 주가 기준) 6.76배에 달합니다. 도쿄증권거래소 상장 종목 전체의 평균은 1.8배로, 이 역시 높은 평가를 받고 있습니다.

$$PER = \frac{주가}{1주당\ 순자산(BPS)}$$

성장 기업은 PER, PBR 모두 상대적으로 높은 수준에서 거래되는 경향이 있습니다. 닛케이지수의 PER이 20배일 때, 특정 기업의 PER이 30~50배에 이른다고 해서 무조건 고평가로 단정 짓고 매수를 피할 필요는 없습니다. 반면 성장을 기대하기 어려운 기업은 PER과 PBR이 낮은 수준에 머물러 있는 경우가 많습니다. 예를 들어, 인구 감소로 경영환경이 악화된 지방은행 중에는 PBR이 0.5배 이하인 곳도 적지 않습니다. 교과서적인 기준만으로 판단하기는 어려우므로 경쟁기업과의 비교 등을 권장합니다.

PER과 PBR 정리

지표	계산 방법	지표 해석	
PER (주가 수익률)	$PER = \dfrac{주가}{EPS}$	낮음	높음
		저평가	고평가
PBR (주가순자산비율)	$PBR = \dfrac{주가}{BPS}$	낮음	높음
		저평가	고평가

PER을 볼 때는 같은 업종의 다른 기업과 비교하거나 과거 데이터 추이와 비교해서 현재 수준이 높은지 낮은지 상대적으로 판단한다. PBR이 1배를 밑도는 경우는 순자산 가치에 비해 주가가 저평가된 것이고, 1배를 초과하면 순자산 가치에 비해 주가가 고평가되어 거래되고 있는 것으로 본다.

거리를 걸으며 찾는
바텀업 방식

이번 장 서두에서 바텀업 방식에 관해 설명해드렸던 것을 기억하십니까. 하지만 '기업 분석은 너무 어려워, 도저히 못 하겠어'라고 생각하는 분도 있을지 모릅니다.

그러나 일상생활 속에서도 충분히 바텀업 방식으로 유망한 투자 종목을 찾을 수 있습니다.

예를 들어, **닌텐도(7974)는 말할 필요도 없이 유명한 게임회사입니다.** 2007년 11월 닌텐도의 주가는 73,200엔으로 사상 최고치를 기록했습니다. 당시 가정용 게임기 'Wii'가 북미와 유럽 시장에서 좋은 반응을 얻었고 소프트웨어 'Wii Fit' 또한 큰 인기를 누렸습니다. 휴대용 게임기 '닌텐도 DS'도 이 성공에 일조했습니다.

영업이익은 2009년 3월기에 5,552억 6,300만 엔으로 역대 최고치를 기록했습니다. 당시 닌텐도는 최고 실적을 향해 급속도로 성장하던 시기였습니다. 이후 과도기에 접어들며 주가 역

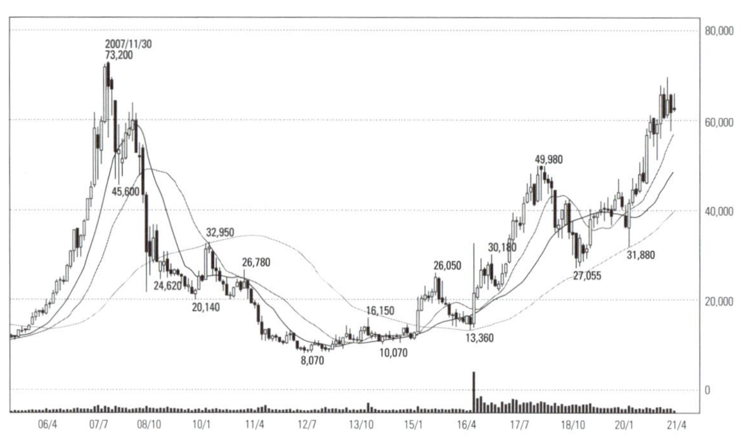

출처 : i-Chart

시 부진을 겪었고, '포켓몬GO'의 성공으로 일시적인 반등을 보였지만 그 후에도 여러 차례 조정이 이어졌습니다. 2020년 3월 코로나 사태로 주가는 31,880엔까지 하락했으나 이를 기점으로 급격한 회복세를 보이고 있습니다.

2020년 3월부터 2021년 2월까지 상승 추세가 이어진 가장 큰 이유는 **'모여 봐요, 동물의 숲'**이 대히트를 기록했기 때문입니다. 처음에는 아이들만 즐기던 게임이었지만, 평소 게임만 한다고 아이들을 꾸짖던 부모들까지 점차 이 게임에 빠져들었습니다. 이처럼 새로운 사용자층까지 사로잡는 제품의 등장은 투자처를 찾는 사람들에게 절호의 힌트가 될 수 있습니다. 작품 자체도 재미있지만, 코로나로 인해 외출이 어려워지고 실내에서 보내는 시간이 늘어난 시대적 배경 역시 간과할 수 없습니다. 닌텐도의 실적은 크게 증가했고, 2021년 3월기에는 2009년 이후 12년 만에 영업이익 최고기록을 경신했습니다.

〈**귀멸의 칼날**〉도 마찬가지입니다. 2020년 가을 극장판이 대히트를 기록했는데, 이 애니메이션을 제작한 애니플렉스는 **소니 그룹(6758)**의 자회사인 소니 뮤직 엔터테인먼트의 자회사입니다. 〈귀멸의 칼날〉의 흥행에 힘입어 소니는 2021년 3월기의 실적 전망을 상향 조정했고, 주가 역시 2020년 10월경부터 가파르게 상승하기 시작했습니다. 평소 자녀들이 어떤 애니메이션에 열광하는지 꾸준히 관찰했다면, 좋은 타이밍에 주가 상승 추세를 포착할 수 있었을지도 모릅니다. 소니 역시 2021년 3월기에 영업이익 사상 최고치를 기록했습니다.

최근 우리 생활을 위협하는 코로나바이러스 사태를 예로 들어보겠습니다. 재택근무를 도입하는 기업이 늘어나면서, 집에서 일할 수 있는 공간을 만들기 위해 의자나 책상을 구매하는 사람들이 많아졌습니다. 이런 흐름을 보면 니토리의 실적이 좋아지리라 예측할 수 있습니다. 또 지금은 상황이 심각하지만, 감염 확산세가 진정되면 억눌렸던 여행 수요가 폭발하면서, 철도나 항공업계가 최악의 시기를 벗어나 점차 회복기에 들어설 것이라는 전망으로 이어질 수도 있습니다. 이처럼 다양한 연상을 통해 투자 기회를 포착하는 것이 바로 서두에서 설명한 바텀업 방식입니다.

그 밖에도 평소 편의점에서 즐겨 사 먹던 과자가 요즘 계속 품절된다거나, 지나다닐 때마다 항상 붐비는 인기 카페, 혹은 TV에서 유난히 광고가 자주 나오는 회사 등, 일상생활 속에는 흥미로운 단서들이 곳곳에 숨어 있습니다. 이런 발견을 할 때마다 그 배경에 어떤 기업이 있는지 먼저 확인해보는 것이 좋습니다. **우리는 이미 일상 속에서 수많은 투자 기회를 마주하고 있습니다.**

닛케이 신문은
가볍게 훑어보자

'주식 투자를 시작하려면 일본 경제신문 정도는 읽어야 한다'
라고 생각하는 분들이 많습니다. 물론 〈닛케이 신문〉은 읽어두
는 편이 좋습니다. 다만 너무 열심히 읽으려고 애쓰지 않는 것
이 중요합니다. 모든 내용을 완벽하게 이해하려고 하면 종일 신
문에 매달리게 되고 결국 허탈감에 빠질 수 있기 때문입니다.

〈닛케이 신문〉에 실린 기사들은 기본적으로 일정 수준 이상의
전문성을 갖춘 독자들을 대상으로 작성되어 있습니다. 신문은
보통 1면을 시작으로 정치, 경제, 금융 경제, 국제, 기업, 투자 정
보 순으로 이어집니다. 투자 정보 면에는 주식 시장 등 시장의
동향이 실려 있습니다. 투자자라면 가장 먼저 읽고 싶은 부분일
것입니다. 하지만 1면부터 모든 페이지를 꼼꼼히 읽으려고 하다
보면 투자 정보 면에 도달하기도 전에 질려버릴 것입니다. 우선
은 1면부터 '가볍게 훑어보는' 느낌으로 읽기 시작하는 것이 좋
습니다. 또는 투자 정보 면부터 읽고 나서 기업 면, 1면 순서로

거슬러 올라가며 훑어보는 것도 괜찮은 방법입니다.

예를 들어, 어느 날 기업 면을 훑어보니 최근 주가가 꾸준히 상승 중인 기업들의 실적이 탄탄하게 유지되고 있다는 사실을 확인할 수 있었습니다. 이어서 1면을 보면 "2050년까지 일본은 탄소중립을 실현하기 위해 2030년까지 온실가스 감축 목표를 재검토한다"라는 기사가 헤드라인을 장식하고 있습니다. '그렇다면 혹시 수소차 실용화가 더욱 가속화되는 것은 아닐까?'라고 생각하며 다시 기업 면을 보면, 토요타 자동차가 수소차 개발에 박차를 가한다는 기사가 실려 있기도 합니다.

〈닛케이 신문〉은 다른 일반 종합지보다 경제, 비즈니스, 금융, 투자 관련 기사가 한층 풍부합니다. 처음에는 **투자 정보 면을 중심으로 읽는 습관을 들이면, 기사 내용이 점차 자연스럽게 눈에 들어오기 시작할 것입니다.**

〈닛케이 신문〉은 종이 신문이든 디지털 신문이든 어느 쪽을 읽어도 상관없습니다. 중요한 것은 꾸준히 읽는 습관을 들이는 것입니다. 신문 기사는 말 그대로 '뉴스', 즉 특정 시점의 최신 정보를 잘라낸 것이기 때문에 그 정보만으로는 이해하기 어려운 경우도 많습니다.

예를 들어, "미국의 장기금리가 1.2%까지 상승했다"라는 기사를 읽더라도, 과거의 흐름을 모르면 단순히 '장기금리가 1.2%가 되었구나' 정도로 받아들이고 넘어가게 됩니다. 미국의 장기금리가 1.2%로 상승한 것이 왜 기사가 될 만큼 중요한지 이해하려면, 과거 미국의 장기금리와 경기, 물가 흐름 등을 알고 있어야 합니다. 이런 배경지식 없이는 현재의 1.2%라는 수치가 갖는 의미를 제대로 파악하기 어렵습니다. 그래서 신문을 꾸준히 읽는 습관이 중요한 것입니다.

인터넷 정보를 조심하자

투자할 때 정보는 많을수록 좋습니다. 따라서 가능한 한 다양한 정보를 접하는 것이 바람직하지만, 인터넷에 떠도는 개별 종목 관련 정보는 조심하는 것이 좋습니다. 특히 조심해야 할 것은 트위터 등 SNS를 통해 퍼지는 출처 불명의 개별 종목 정보입니다. 근거 없는 이야기가 그럴듯하게 퍼져나가기 때문에 사실과는 다른 경우도 적지 않습니다. 중장기 투자를 할 때는 충분히 조사한 후에 투자 판단을 내리는 것이 좋습니다.

중요한 것은 **투자할 기업을 최종적으로 '자신이 직접 결정하는 것'**입니다. 종목 선정은 주식 투자에서 가장 즐거운 과정 중 하나입니다. 이 과정을 남에게 맡겨버리는 것은 정말 아까운 일입니다.

저는 인터넷 정보를 주로 주식 시장에서 화제가 되는 이슈가 있을 때 그와 관련된 정보를 폭넓게 수집하는 용도로 활용합니다. 예를 들어, '5G'가 화제라면 인터넷에서 '5G'를 검색해 관련 사업을 하는 기업들을 찾아봅니다. 그리고 관련 정보를 하나

하나 읽어봅니다. 이렇게 찾다 보면 〈닛케이 신문〉만으로는 접하기 어려운 소소한 정보들도 발견할 수 있고, 유망종목을 찾을 때 좋은 힌트가 되기도 합니다.

투자할 종목을 찾는다는 점에서는 같지만, 처음부터 특정 종목을 정해놓고 인터넷 정보를 찾아보는 것과 종목 선정의 실마리를 얻기 위해 인터넷 정보를 검색하는 것은 **하늘과 땅 차이입니다.** 애초에 주식 투자를 하면서 스스로 종목을 발굴하려는 노력도 하지 않고, 남이 선택한 종목에 무턱대고 뛰어드는 것은 선택권을 타인에게 넘기는 것이나 마찬가지입니다. 이는 주식 투자에서 가장 주의해야 할 행동입니다. 그럴 바에는 차라리 주식 투자를 하지 않는 편이 낫습니다.

참고로 제가 자주 활용하는 인터넷 사이트는 '카부탄(株探)'과 '회사 사계보 온라인(会社四季報オンライン)' 등 입니다.

회사 사계보는 연 2회
집중해서 읽으면 충분하다

이렇게 말하면 발행사인 〈동양경제신보사〉에서 싫어할지도 모르지만, 회사 사계보는 연 2회만 구입해도 충분하다고 생각합니다. 사계보라는 이름처럼 분기마다 서점에 최신호가 진열되지만, 큰 흐름을 파악하는 데는 종이판 회사 사계보를 연 2회 정도 구입해서 읽는 것만으로도 충분합니다.

회사 사계보 발행주기는 다음과 같습니다.

- **신춘호(新春号)**　 12월 중순 발행
- **봄호(春号)**　 3월 중순 발행
- **여름호(夏号)**　 6월 중순 발행
- **가을호(秋号)**　 9월 중순 발행

물론 매호 구입해도 좋지만, 만약 연 1회 구매로 끝내고 싶다면 망설이지 말고 '여름호'를 선택하는 것이 좋습니다. 여름호에는 본결산 정보가 실리기 때문입니다. 그다음으로 중요한 것은 중간결산 정보가 담긴 '신춘호'입니다.

일본 기업은 대부분 3월이 본결산입니다. 3월 말 결산 마감 후 결산 수치 계산이 이루어지고, 모든 수치가 정리되어 공표되는 시점이 5월 초입니다. 회사 사계보 여름호는 이 본결산 결과를 반영해 편집 작업이 이루어지고, 이를 정리한 수치를 실어 6월 중순에 발행됩니다. 결산이 모두 마무리된 상태에서 **'향후 1년은 어떻게 될 것인가'에 대한 예측도 담겨 있기 때문**에 투자자 입장에서는 매우 주목할 만한 자료입니다. 또한 여름호에만 2기 연속 실적 전망이 함께 수록되어 있어 종목을 선택할 때 유용한 참고 자료가 됩니다.

저는 회사 사계보를 읽을 때 **먼저 제목을 훑어보면서 전반적인 실적 흐름을 파악합니다.** '증액', '히트' 같은 긍정적인 키워드가 많은지, 혹은 '후퇴', '우려'처럼 부정적인 키워드가 많은지 살펴보고, '반도체', '고속화' 등 테마성 키워드도 함께 체크합니다. 그 후에 개별 기업의 세부 정보를 살펴봅니다.

투자신탁 편입 종목을
참고한다

'투자신탁'이라는 금융상품을 아시나요? 개별 주식 투자를 하는 사람들 중에는 "내 돈을 남한테 맡겼다가 손해라도 보면 참을 수 없을 것 같다"라는 이유로 투자신탁을 꺼리는 경우가 많습니다. 하지만 직접 매수하지 않더라도 종목 선택 시 참고 자료로 활용할 수는 있습니다. 실제로 최근 수년간 크게 성장한 일본 주식 펀드도 있습니다.

다만 주식 투자에 참고하려면 몇 가지 조건이 있습니다.

첫째, 액티브 펀드여야 합니다. 이유는 따로 설명하지 않아도 되겠지요. 개별 주식 투자는 본질적으로 액티브 운용과 유사합니다. 펀드 매니저처럼 종목을 선별해 지수를 상회하는 수익을 노리는 방식이기 때문에, 인덱스 펀드는 애초에 참고 대상이 될 수 없습니다.

둘째, 편입 종목 수가 적정 수준이어야 합니다. 액티브 펀드라도 편입 종목이 지나치게 많으면 참고가 되지 않습니다. 100종목도 많은 편이고, 200종목쯤 되면 아예 논외입니다. 물론 펀드 규모가 커지면 편입 종목 수를 늘리지 않고는 운용이 어렵기 때문에 어느 정도 증가는 불가피합니다. 하지만 편입 종목 수가 많아질수록 운용성과는 인덱스에 가까워집니다. 가능하면 30~50종목 정도로 운용하는 펀드를 선택하는 것이 좋습니다.

셋째, 펀드를 운용하는 펀드 매니저의 운용방침을 명확히 파악해야 합니다. 많은 펀드 매니저들이 다양한 매체를 통해 자신의 운용방침을 공개합니다. 먼저 그 내용을 확인한 뒤 본인이 납득할 수 있는 운용방침을 지닌 펀드 매니저를 찾아 해당 펀드의 포트폴리오를 살펴보도록 합시다.

편입 종목은 '운용보고서' 또는 '운용리포트'를 통해 확인할 수 있습니다. 운용리포트는 주간 또는 월간 단위로 펀드 매니저가 작성합니다. 내용은 다소 간략하며 편입 종목이 상세하게 실려 있지는 않습니다. 보통 편입 비율이 높은 상위 10개 종목 정도만 확인할 수 있습니다. 다만, 편입 비율이 높은 종목에는 반드시 그럴 만한 이유가 있습니다. 펀드 수익률에 긍정적인 영향을 미칠 가능성이 크기 때문에 높은 편입 비율을 유지하는 것입니다. 또한 운용리포트는 발표 주기가 짧아 정보가 신속하게 제공된다는 장점도 있습니다.

한편, 운용보고서는 연 1회 해당 펀드의 결산 시점에 맞춰 작성됩니다. 이 보고서에는 기본적으로 편입 종목이 모두 기재되지만, 연 1회 작성이라는 특성상 결산 시점의 편입 종목은 알 수 있어도 이전 결산부터 이번 결산 사이에 매매된 종목은 파악할 수 없습니다. 따라서 운용보고서로 편입 종목을 확인할 때는 가장 최근 결산 시점의 정보뿐만 아니라 이전, 그리고 그 이전의 운용보고서도 함께 검토해 **지속적으로 높은 편입 비율을 유지하는 종목이 무엇인지 살펴보는 것이 바람직합니다.** 그 펀드가 실제로 장기 투자 중인 종목이라면 지속해서 운용보고서에서 그 이름을 확인할 수 있을 것입니다.

개별 기업 사이트를 확인하자

앞서 살펴본 다양한 정보 매체를 활용해 투자 대상 종목을 어느 정도 추려냈다면, 이제는 투자 후보로 선정한 기업의 홈페이지를 직접 방문해봅시다.

기업 홈페이지는 크게 2가지 측면에서 살펴볼 가치가 있습니다.

첫째는 IR입니다. 제2장에서도 언급했듯이, IR에는 주식을 보유한 투자자들을 대상으로 최신 실적 동향을 비롯해 주가에 영향을 미칠 수 있는 다양한 최신 정보가 정리되어 있습니다. 상장 기업 홈페이지에는 반드시 '투자자 여러분께'라는 메뉴가 마련되어 있으니 꼭 클릭해보시기 바랍니다. 'IR뉴스' 외에도 '경영진 메시지', '최신 결산정보', '통합 리포트', '최신 IR자료' 등 다양한 항목이 준비되어 있습니다.

대차대조표나 손익계산서 같은 결산서류는 온통 숫자로 가득

해서 이해하기 어려울 수 있습니다. 하지만 최신 IR자료에는 **과거 실적 추이와 재무 상태를 그래프 등으로 알기 쉽게 설명한 자료도 포함되어 있어서 이해에 도움이 됩니다. 또한, 중기 경영계획이나 배당 정책, 기업 지배구조 체제, 최근에는 환경 대응 등 SDGs 관련 정보도 함께 공표됩니다.** 회사를 더 깊이 이해하기 위해서는 결국 근본을 확인하는 것이 중요합니다. 주식 투자자에게 그 출발점은 다름 아닌 기업 홈페이지를 직접 들여다보는 것입니다. 또한, 기업에 따라서는 결산 설명회 영상을 제공하기도 합니다. 경영진의 설명을 영상으로 직접 확인할 수 있을 뿐만 아니라 이해하기 쉽게 구성된 자료도 함께 제공되는 경우가 많으니 꼭 참고하시기 바랍니다.

또 하나 중요한 점은 업계 **동향을 공부하는 데에도 도움이 된다**는 것입니다. 예를 들어, '5G'는 제5세대 이동통신 시스템을 의미합니다. 하지만 '통신 속도가 지금보다 빨라진다' 정도만 알고 있을 뿐, 5G 기술이 실제로 우리 생활에 어떤 영향을 미치고 어떤 이점을 제공하는지는 쉽게 떠올리기 어렵습니다. 이럴 때 기업 홈페이지는 최신 기술이나 업계 흐름을 파악하는 데 좋은 참고 자료가 됩니다.

이를테면 5G 관련 기업의 홈페이지에는 이 기술을 통해 일반 소비자에게 제공되는 서비스에 대한 정보가 비교적 알기 쉽게 정리되어 있습니다. 5G 외에도 인공지능(AI), 전기차, 재생 가능 에너지, 디지털 전환(DX) 등 이미 주목받고 있는 다양한 테마가 존재합니다. 실제로 투자할 때는 **이런 기술들이 앞으로 우리에게 어떤 미래를 보여줄지**, 해당 분야의 지식도 어느 정도 갖추고 있어야 합니다. 따라서 관련 기업을 알게 되었다면 그 기업의 홈페이지를 방문해서 기본적인 지식을 확인해보는 것이 좋습니다.

제 **5** 장

승률을 높이는
기본적인 기술적 분석

주가 패턴을 파악하는 기술적 분석

지난 장에서는 바텀업 방식에 대해 설명해드렸습니다. 이 방법은 개별 기업의 실적이나 재무제표를 분석해 장래가 유망한 회사를 선별하는 방식으로, '펀더멘털 분석'이라고도 불립니다.

이번 장에서는 펀더멘털 분석과 대조를 이루는 기술적 분석에 관해 설명하겠습니다.
기술적 분석은 '가격에는 모든 요소가 반영되어 있다'라는 사고방식을 출발점으로 삼습니다. 즉, 기업 실적이나 재무 상태, 경기나 물가 같은 거시경제 환경까지 모두 가격에 반영되어 현재의 주가가 형성되어 있다고 보는 것입니다. 따라서 주가의 움직임을 분석함으로써 미래 예측이 가능하다고 주장합니다.

이 둘은 상반되는 개념인 만큼 투자자들 사이에서는 기술적 분석파와 펀더멘털 분석파로 나뉘어 각자 자신의 정당성을 주장하고 있습니다. 기술적 분석파는 펀더멘털 분석파를 "느긋하게 기업 분석이나 하는 사이에 주가는 이미 움직여버린다"라고 비판하며 받아들이려 하지 않고, 펀더멘털 분석파는 기술적 분석을 가리켜 "단순한 미신에 불과하다"라고 말하는 사람도 있습니다. 이러한 논쟁은 어제오늘 시작된 일이 아닙니다. 오랜 시간 두 진영으로 나뉘어 끊임없이 반복되어왔고, 아마도 양측 모두 원리주의적인 성향을 지닌 이들은 끝내 서로를 인정하지 않을 것입니다.

하지만 **실적 등의 펀더멘털을 보지 않고 주식을 매수하는 것은 무모한 일이며, 주가의 위치를 확인하지 않고 매수하는 것 또한 리스크가 큽니다.** 투자 성공률을 높이려면 폭넓은 지식을 갖추는 것이 중요합니다. 따라서 펀더멘털 분석과 기술적 분석 중 하나만 택할 것이 아니라, **양쪽 모두 습득해서 자신의 것으로 만들어야 합니다.**

이런 이야기도 있습니다. 미국의 한 대형운용사는 펀더멘털 분석을 활용한 바텀업 방식으로 유명한데, 그 회사에도 '차트룸'이라는 공간이 있다고 합니다. 아무리 철저한 펀더멘털 중심의 운용사라도 실제 투자 판단을 내릴 때는 기술적 분석 역시 함께 참고한다는 것을 보여주는 사례입니다.

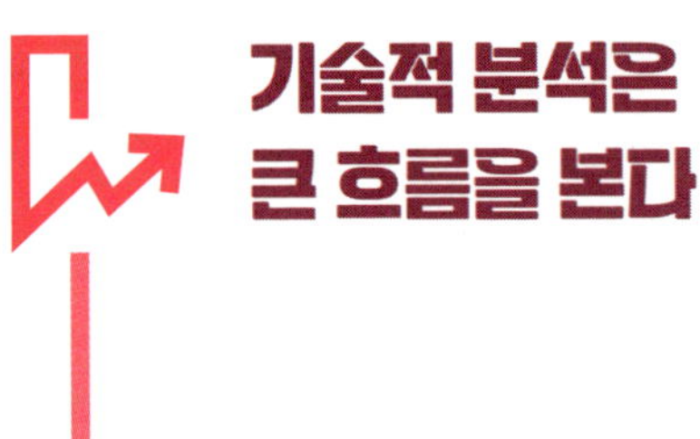

기술적 분석은 큰 흐름을 본다

기술적 분석은 차트, 즉 주가의 움직임을 그래프로 나타낸 것입니다. 그중에서도 '캔들'이라고 불리는 시가, 고가, 저가, 종가, 이 4가지 가격을 하나의 선으로 나타낸 차트가 주로 사용됩니다.

먼저 캔들을 읽는 방법부터 설명하겠습니다. 캔들은 몸통과 꼬리로 구성되어 있습니다. 기본적으로 세로로 긴 사각형 부분을 몸통, 그 위아래로 뻗은 선 부분을 꼬리라고 합니다. 또한 몸통은 흰색과 검은색의 2가지 색이 있습니다. 요즘은 PC나 스마트폰 화면에서 컬러로 표시되기 때문에 꼭 흰색과 검은색에 한정되지는 않지만, 이 책에서는 이해하기 쉽게 흰색과 검은색을 기준으로 설명하겠습니다.

흰색은 '양봉'이라고 하며 시가보다 종가가 높을 경우, 양봉으로 표시됩니다. 반대로 시가보다 종가가 낮을 때는 **검은색 '음봉'**으로 표시됩니다. 양봉의 경우, 종가가 시가보다 높기 때문에 몸

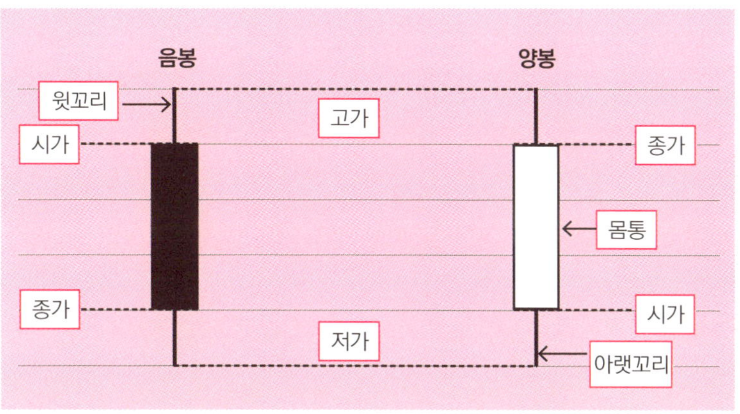

통 부분의 윗부분이 종가, 아랫부분이 시가가 됩니다. 반대로 음봉은 종가가 시가보다 낮기 때문에 몸통의 윗부분이 시가, 아랫부분이 종가가 됩니다.

이것이 캔들의 가장 기본적인 내용입니다. 차트를 볼 때 꼭 필요한 지식이므로 확실하게 기억해두시기 바랍니다.

이번에는 **일봉, 주봉** 등 시간 단위별 차트를 살펴보겠습니다. 일봉은 하루 동안 주가가 어떻게 움직였는지를 나타낸 것입니다. 다시 말해, 하나의 캔들은 하루 동안의 주가 변동을 나타냅니다. 주봉은 캔들 하나가 일주일 동안의 시가, 고가, 저가, 종가를 보여줍니다. 그 밖에 **월봉**이나 **연봉**도 있습니다.

반대로 더 짧은 단위의 캔들도 있습니다. 1분봉은 1분 동안의 시가, 고가, 저가, 종가를 하나의 캔들로 나타낸 것이며, 이 외에도 5분봉이나 30분봉 등 무한에 가까울 만큼 다양한 시간 단위의 차트가 존재합니다. 사실 무엇을, 어떻게 봐야 좋을지 막막한 분들도 많을 것입니다. 기본적으로 자신이 주식에 투자하려는 기간에 따라 캔들의 길이를 조절해야 하지만, **기술적 분석에 익숙하지 않은 초보자라면 '주봉'을 보는 것이 가장 좋습니다.**

주봉이란, 일주일 동안의 주가 흐름을 하나의 캔들로 나타낸 것입니다. 공휴일이 없는 한 주의 경우, 월요일 주식 시장이 개장했을 때 형성된 주가가 '시가', 금요일 장 마감 시의 가격이 '종가', 그리고 그 주의 거래 시간 중 가장 높았던 가격이 '고가', 가장 낮았던 가격이 '저가'가 됩니다.

<h3 style="text-align:center">주봉 산출 방법</h3>

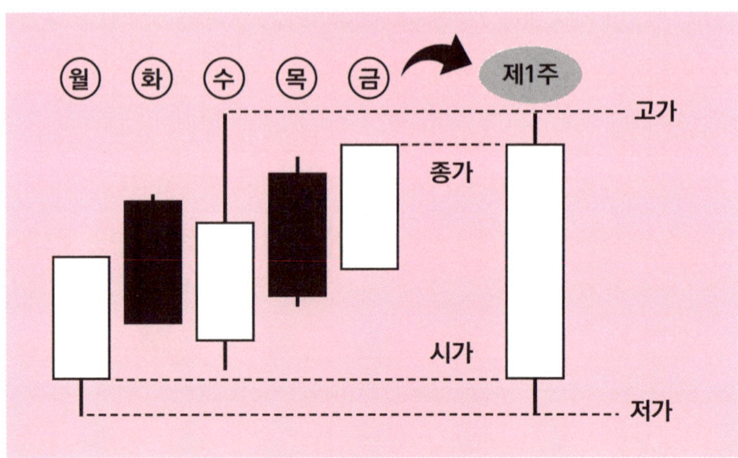

주봉은 짧게는 1~2년, 길게는 **5년, 10년 이상 장기적인 흐름을 살펴보는 것이 좋습니다.** 상장된 지 1년밖에 안 된 종목이라면 어쩔 수 없지만, 중장기 투자를 고려한다면 **차트를 분석할 때 먼저 주봉을 활용해 최대한 장기적인 시각으로 주가 흐름을 파악해야 합니다.**

주봉을 통해 지난 10년 정도의 큰 흐름을 살펴보면 사이클상 여기가 바닥일지 모른다는 감이 어느 정도 생기게 됩니다. 시장 상황이 썩 좋지 않더라도 주가가 바닥을 찍은 듯한 모습을 보인다면, 즉 하락할 만큼 하락해서 주가가 바닥에 도달한 것처럼 보인다면 그다음은 실적을 확인해보시기 바랍니다.

1분기보다 2분기, 2분기보다 3분기에서 매출과 이익 등 실적 주치에 개선의 조짐이 보인다면, 드디어 실적이 반등하고 주가도 본격적인 상승세에 접어들 가능성이 커집니다. 즉, 주가의 움직임이 실적의 전환점을 미리 반영하고 있다는 뜻입니다. 실제로 **주가는 경기나 실적의 선행지표로 여겨지며, 일반적으로 반년 정도 앞서 움직인다**고 합니다. 주가가 상승세로 전환되고 실적도 '바닥을 찍은 듯한 느낌'이 나타나기 시작한다면, 이제 주가는 본격적인 상승국면에 접어들 가능성이 매우 큽니다.

지금까지 먼저 차트를 보고 실적을 확인하는 순서로 설명했지만, 그 반대로 접근해도 상관없습니다. 즉 **먼저 실적을 살펴보고 어렴풋이 바닥을 다지는 듯한 느낌이 보이기 시작하면, 다음으로 차트에서 주가의 추이를 확인해보시기 바랍니다.** 이미 주가가 바닥을 찍고 반등하는 움직임을 보이고 있을지도 모릅니다.

이처럼 기술적 분석으로 주가 움직임을 살펴보는 것은 대상이 주가든, 실적이든 변화의 조짐을 파악하는 데 매우 유용합니다. 여기서 한번 생각해보시기 바랍니다. 기술적 분석만으로, 혹은 펀더멘털 분석만으로 투자 판단을 내릴 수 있을까요?

<h3 style="text-align:center">JT(2914) 주봉 차트</h3>

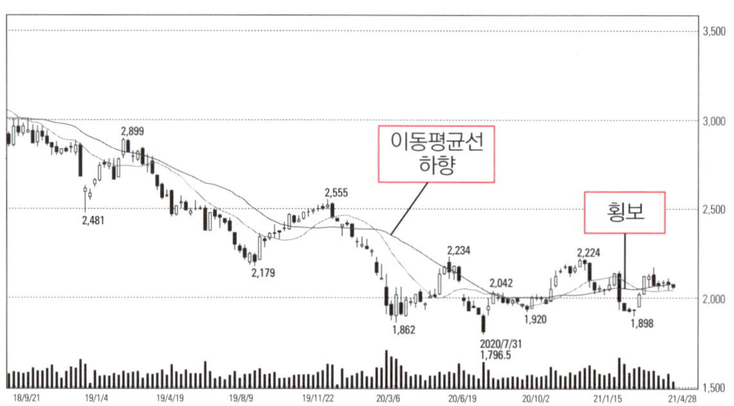

출처 : i-Chart

드디어 상승인가, 하락 추세 지속인가

이 차트는 2018년 6월부터 하락 추세를 보이고 있습니다. 한편 2020년 7월에 1,796.5엔의 저점을 기록한 이후로는 13주 이동평균선과 26주 이동평균선 모두 거의 횡보하며 뚜렷한 방향성이 보이지 않는 상황입니다. 고점은 2,200엔대, 저점은 이후 1,800엔대에서 움직이며 이른바 '박스권' 형태를 보이고 있습니다. 이러한 국면에서는 낮은 가격대에서 신규 매수를 고려해볼 수도 있습니다. 그러나 1,796엔을 하회하면 추가적인 하락 추세가 시작될 가능성도 있습니다. 반면 2,300엔을 명확히 돌파하고 13주 이동평균선과 26주 이동평균선이 모두 상승세로 전환된다면 상승 추세로 전환될 가능성이 발생합니다. 이처럼 주봉으로 과거 10년 정도의 큰 흐름을 살펴보면 '사이클상 여기가 바닥 아닐까'라는 감이 어렴풋이 생기게 됩니다.

기술적 분석만 보고 이제 주가가 바닥을 형성할 것 같아서 매수했는데, 알고 보니 실적은 여전히 개선의 조짐이 없고, 지금까지의 하락에 따른 반등으로 주가가 잠시 소폭 상승한 것에 불과한 경우도 있습니다. 이 경우, 실적에 뚜렷한 회복 신호가 없다면 **주가가 다소 반등하더라도 다시 급락할 위험이 있습니다.**

반대로 펀더멘털만 보고 **실적이 좋아서 매수하려고 차트를 살펴보니 이미 주가가 크게 오른 뒤인 경우도 종종 있습니다.** 아무리 실적이 좋아도 그것이 영원히 계속되지는 않습니다. 언젠가는 반드시 실적이 하락합니다. 주가는 그런 변화를 미리 반영해 하락하기 때문에 실적이 절정일 때 투자하면 주가의 고점을 잡게 될 위험도 있습니다. 따라서 현재 주가의 위치를 파악하기 위해서라도 차트 확인은 필수입니다.

본래 **차트는 '해도(海圖)'를 의미합니다.** 해도 없이 광활한 바다로 향하면 조난이나 난파당하는 것은 시간 문제입니다. 주식 시장도 마찬가지입니다. 주가라는 파도를 타기 위해서는 역시 차트가 필요합니다.

다시 말해, 기술적 분석파니까 차트만 보고, 펀더멘털 분석파니까 차트는 보지 않아도 되는 것이 아닙니다. 주식에 투자해서 수익을 얻으려면 판단 재료는 하나라도 많은 편이 유리합니다. 따라서 기술적 분석과 펀더멘털을 둘 다 활용하는 것이 바람직합니다.

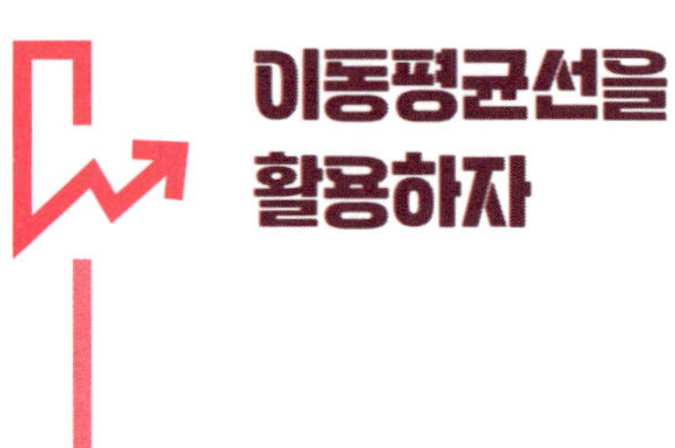

이동평균선을 활용하자

 기술적 분석의 종류를 살펴보면 정말 다양한 지표들이 존재합니다. 많은 투자자들이 사용하는 대표적인 지표만 해도 이동평균선, 추세선, MACD, 일목균형표, 볼린저밴드, 패러볼릭, RSI, 스토캐스틱, 투자 심리도 등 일일이 나열하기 어려울 정도입니다. 다만 이 책은 기술적 분석 해설서가 아니므로 자세한 설명은 생략하겠습니다.

 기술적 분석과 펀더멘털 분석 모두 배우면 배울수록 투자에 도움이 되니 관심이 생기면 별도로 공부해보시기 바랍니다. 다만 어떤 지표도 반드시 승리를 보장하지는 않습니다. 기술적 지표는 어디까지나 투자의 승률을 높여주는 도구일 뿐 백발백중은 아닙니다. 이 점을 먼저 이해하고 접근하는 것이 중요합니다.

기술적 지표는 많은 투자자들이 보편적으로 사용하는 것일수록 신호의 정확도가 높아집니다. 반대로 아무도 주목하지 않는 기술적 지표는 매수 또는 매도 신호가 발생하더라도 그것을 보고 행동에 나설 투자가가 없기 때문에 결국 시장에 영향을 주지 못합니다. 투자자가 움직이지 않으면 시장도 움직이지 않습니다.

백발백중인 기술적 지표는 존재하지 않고, 너무 마니악한 지표는 주시하는 투자자가 없어 참고가 되지 않는다는 점을 고려하면, 기술적 지표는 '간단한 지표만 보면 충분하다'라는 결론에 이르게 됩니다.

저는 대표적인 기술적 지표 중 하나로 '이동평균선'에 주목하고 있습니다.

이동평균선이란 일별 종가를 기준으로, 예를 들어 5일 이동평균선이라면 최근 5일간의 주가 종가를 평균한 값입니다. 간단한 사례를 통해 설명해보겠습니다.

1일 차 …… 500엔
2일 차 …… 550엔
3일 차 …… 530엔
4일 차 …… 510엔
5일 차 …… 540엔

이상 5일간의 이동평균은 (500+550+530+510+540)÷5=526엔. 따라서 5일 차 이동평균은 526엔입니다.

다음으로 6일 차 주가가 490엔이라고 가정해봅시다. 이 경우 1일 차의 500엔을 제외하고 6일 차의 490엔을 더해서 5일간의 이동평균을 계산합니다.

(550+530+510+540+490)÷5=524엔.

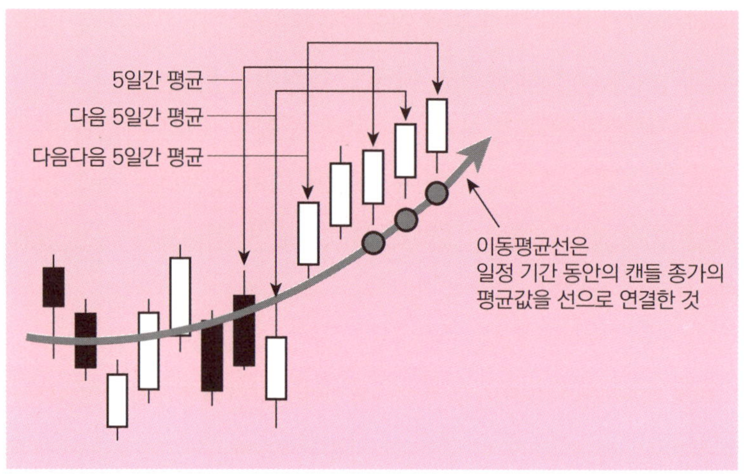

이런 식으로 다음 날도, 또 그다음 날도 가장 오래된 종가를 제외하고, 새로운 하루의 종가를 더해서 이동평균을 구합니다. 이렇게 계산한 각각의 값을 선으로 연결해서 그래프로 나타낸 것이 바로 이동평균선입니다.

그렇다면 **이동평균선은 무엇을 의미할까요? 쉽게 말해, 해당 종목을 매매한 투자자들의 평균 매입 단가**를 나타냅니다. 이동평균선은 종가를 기준으로 평균값을 계산하기 때문에 그날 하루 동안 형성된 가격 변동 폭 안에서 실제로 거래된 모든 가격을 반영하지는 못합니다. 하지만 종가 기준으로 산출한 평균값을 통해 대략적인 평균 매입 단가를 파악할 수 있습니다. 예를 들어, '5일 이동평균선'은 최근 5일간 해당 종목을 매매한 투자자들의 평균 매입 단가로 해석할 수 있습니다.

평균 단가란, 투자자가 해당 주식을 매수한 가격과 매도한 가격의 평균값을 의미합니다.

며칠 또는 몇 주간의 이동평균값을 활용하는 것이 좋을지는 개인의 성향이나 투자 스타일에 따라 다르지만, **일반적으로 주봉 차트를 볼 때는 13주 이동평균선이나 26주 이동평균선, 일봉 차트를 볼 때는 25일 이동평균선, 75일 이동평균선, 200일 이동평균선을 기준으로 삼는 경우가 많습니다.**

예를 들어, 주봉 차트에서 주가가 13주 이동평균선 위에 있다면 지난 3개월 동안 이 종목을 매수한 투자자들은 수익을 내고 있다는 뜻이며, 반대로 신용 거래로 매도한 투자자들은 손실을 보고 있다는 뜻입니다. 또한 주봉 차트에서 주가가 13주 이동평균선보다 아래에 위치한다면, 지난 3개월 동안 이 종목을 매수한 투자자들은 손실을 보고 있지만, 신용 거래로 매도 포지션을 보유하고 있는 투자자들에게는 이익이 발생하고 있다는 뜻입니다.

이처럼 주가와 이동평균선 간의 위치관계는 투자 심리를 파악하는 데 중요한 참고 사항이 됩니다. 주가 하락이 지속되면 이동평균선도 점차 하향 곡선을 그립니다. 그리고 현재 주가가 13주 이동평균선 아래 위치한 상태에서 바닥을 찍고 반등하더라도 안심해서는 안 됩니다. 13주 이동평균선에 아래에서 위로 가까워질수록 과거 3개월 동안 주식을 매수한 투자자들의 손실이

출처 : i-Chart

13주 이동평균선과 26주 이동평균선의 움직임을 체크하자

연한 선은 13주 이동평균선(3개월 평균), 진한 선은 26주 이동평균선(6개월 평균)입니다. 2018년 10월 고점 이후 주가는 하락 추세에 접어들었으며, 두 이동평균선 역시 하향 곡선을 그리기 시작했습니다. 이러한 상황에서는 매수에 나서지 않는 것이 바람직합니다. 2020년 연말, 주가가 1,732엔을 기록한 후 먼저 13주 이동평균선을 상향 돌파하고 이어서 26주 이동평균선도 상향 돌파합니다. 여기서 중요한 것은 주가 상승과 함께 13주 이동평균선이 상승세로 전환되고, 그 13주 이동평균선이 역시 상승세로 돌아선 26주 이동평균선을 상회한다는 점입니다. 이것을 골든크로스(170페이지)라고 하며, 이는 하락장에서 상승 추세로의 전환을 나타내는 신호입니다. 이 골든크로스가 확인된 시점이 바로 매수 타이밍입니다.

이전에도 주가가 13주 이동평균선을 일시적으로 넘어선 적은 있지만, 당시에는 두 이동평균선 모두 하락세였기 때문에 이런 상황에서는 섣불리 매수에 나서서는 안 됩니다.

점차 줄어들면서, 주가가 본전 근처까지 회복되었을 때 매도 심리가 작용할 가능성이 크기 때문입니다. 이러한 현상을 흔히 '본전치기 매도'라고 부릅니다.

또한 주가가 13주 이동평균선을 돌파하더라도 그 위에 26주 이동평균선이 자리하고 있다면, 실제 주가가 그 선에 가까워질수록 과거 6개월 동안 매수했던 투자자들의 매도 물량이 출회되면서 26주 이동평균선 부근에서 주가 상승이 억제될 가능성도 있습니다. 13주 이동평균선과 26주 이동평균선이 실제로 어떻게 움직이는지는 166페이지의 레조낙 홀딩스(구 쇼와덴코) 차트를 보면 이해하기 쉬울 것입니다.

그렇다면 주가가 26주 이동평균선을 돌파하면 어떻게 될까요? 이때는 13주 이동평균선이 점차 상승해서 26주 이동평균선과 교차하고, 결국 13주 이동평균선이 26주 이동평균선 위로 올라서게 됩니다.

이처럼, 단기 이동평균선(여기서는 13주 이동평균선)이 장기 이동평균선(여기서는 26주 이동평균선)을 아래에서 위로 돌파하는 현상을 '골든크로스'라고 하며, 이는 주가가 하락에서 상승으로 전환되는 신호로 해석됩니다.

주가와 이동평균선의 위치 관계 중에서 가장 이상적인 형태는 맨 위에 주가가 있고 그 아래에 단기 이동평균선, 그리고 그 아래에 장기 이동평균선이 놓인 상태입니다. 이 위치관계가 의미하는 것은 현재 주가 수준이라면 지난 3개월 동안 매수한 사람도, 6개월 동안 매수한 사람도 모두 수익을 내고 있다는 뜻입니다. 이러한 위치관계를 미국에서는 '퍼펙트 오더(Perfect Order)'라고 부릅니다.

그리고 주가가 이처럼 가장 이상적인 위치관계에 있을 때는 보유를 지속하거나 추가 매수를 고려해볼 만한 시점입니다.

반대로 주가 하락이 계속되면 주가와 함께 단기 이동평균선이 하향하면서 장기 이동평균선을 위에서 아래로 돌파하는 국면이 나타납니다. 이러한 이동평균선의 움직임을 '데드크로스'라고 하며, 이는 주가가 하락 추세에 진입했음을 알리는 신호로 해석됩니다.

단기 이동평균선이 장기 이동평균선을 하회하고 주가 하락이 이어지는 상황에서는 아직 주가가 바닥을 찍지 않았다고 판단할 수 있습니다. 하지만 하락세가 멈추면 단기 이동평균선이 자연스럽게 상승세로 돌아서고 머지않아 장기 이동평균선도 돌파하게 됩니다. 이 순간이 바로 골든크로스가 나타나는 순간이자 매수 타이밍이기도 합니다.

매수 시점은 주가가 완전히 하락을 멈추고 바닥을 확인한 뒤에 들어가도 늦지 않습니다. 조금 하락했을 뿐 주가는 전혀 바닥을 칠 조짐이 보이지 않는데도 성급히 매수에 나서는 투자자들이 많습니다. 물론 언젠가는 주가가 회복될 가능성도 있지만, 매수 직후 더 큰 폭으로 하락해 미실현손실을 떠안게 된다면 정신건강에 절대 좋지 않습니다.

"장기 투자니까 타이밍은 고려하지 않아도 된다"라고 말하는 사람도 있겠지만, **주가가 고점 부근이거나 바닥이 전혀 보이지 않는 상황에서 굳이 매수에 나설 필요는 없습니다.** 장기 투자라고 해도 어느 정도 타이밍을 고려해 매수하는 편이 투자 성공 확률을 높일 수 있습니다. 그 타이밍을 판단하는 데 주가와 이동평균선의 위치관계는 유용한 참고 사항이 될 것입니다.

출처 : i-Chart

'골든크로스' 사례

2019년 3월에 4,507엔의 저점을 기록한 이후, 주가가 가장 위에 있고, 그 아래 13주 이동평균선, 또 그 아래에 26주 이동평균선이 위치한 전형적인 상승 추세를 형성하고 있습니다.

2020년 3월 주가가 5,297엔까지 하락했을 때는 13주 이동평균선이 26주 이동평균선을 뚫고 하강하는 데드크로스가 나타났지만, 이때도 26주 이동평균선은 하락세로 전환되지는 않았습니다.

그 후에는 다시 상승 추세로 복귀했으며 최근에는 주가와 16주 이동평균선 사이의 이격률이 확대되어 다소 과도한 상승세를 보이고 있습니다. 이익 실현 매물이 출회되기 쉬운 구간으로, 단기적으로는 조정국면에 들어설 가능성도 시사하고 있습니다.

거래량은 주가의 선행지표

거래량은 주가에 선행하는 경향이 있습니다. 거래량이란, 주식 시장에서 실제로 매매가 체결된 주식 수를 의미합니다. 예를 들어, 특정 가격에서 매도 1,000주, 매수 1,000주가 성사되면 거래량은 1,000주로 기록됩니다. 따라서 매도하려는 사람도 매수하려는 사람도 거의 없는 상황에서는 주가에 뚜렷한 방향성이 나타나지 않습니다. 물론 다소 등락은 있지만, 전반적으로는 횡보하는 흐름이 이어집니다.

그러나 상승 추세로 전환되는 시점에서는, 거래량이 서서히 증가하는 모습을 보이기 시작합니다.

거래량이 증가한다는 것은 시장에 참여하는 투자자가 늘어난다는 뜻입니다. 초기에는 매수 주문에 맞춰 매도 물량도 함께 나오기 때문에, 주가는 큰 변동 없이 거래량만 점차 증가합니다. 상승장 초반에는 주가가 과거 고점 대비 상대적으로 낮은 수준에 머무르는 경우가 많습니다. 고점에 주식을 매수했던 투자자들은 주

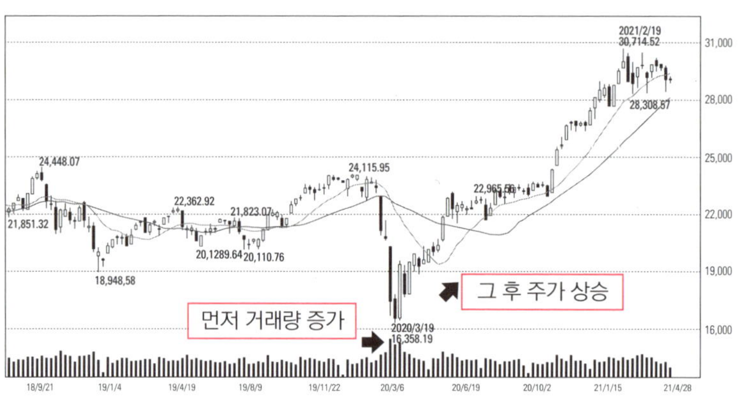

출처 : i-Chart

가가 조금만 회복해도 손실을 줄이려는 매도 심리가 작용하기 때문입니다. 하지만 시간이 지나면서 매수세가 매도세를 압도하게 되면 이때부터 본격적인 주가 상승이 시작됩니다. 이것이 바로 거래량이 주가에 선행하는 요인입니다.

주가가 점차 상승해서 어느 정도 큰 폭으로 오른 뒤에는 거래량이 오히려 감소하기 시작합니다. **매수하려던 대부분의 투자자들이 이미 매수를 마쳤기 때문입니다.** 그 결과 매수세가 점차 약해지면서 주가 상승세도 둔화되기 시작합니다.

이때 이미 주식을 보유하고 있는 투자자들은 미묘한 심리적 갈등에 빠지게 됩니다. '어? 이제 더 이상 안 오르나? 슬슬 팔아서 이익을 확정해야 할까?'라는 생각과 '아직 더 오를지도 몰라'라는 기대감 사이에서 망설이며 관망 상태에 들어갑니다. **이런**

상황에서 갑자기 균형이 무너지는 경우가 있습니다. 매도자가 많아지면서 신용 거래를 이용한 공매도(주식을 빌려서 파는 것)나 현물 주를 통한 실수요 매도가 우세해지기 때문입니다.

돌발적인 악재가 발생했을 때는 거래량을 동반하며 주가가 하락하지만, 일반적으로 주가가 고점에 도달했을 때는 거래량이 주가에 선행하는 경우는 많지 않습니다. 바닥권에서는 신규 매수를 통해 참여자가 늘어나지만, 천장권에서는 매도로 진입하는 신규 참여자가 제한적이기 때문입니다.

호가창이 알려주는 것

주식을 매매할 때는 최소한 호가창의 상황을 파악해야 합니다. 주식 매매는 **'지정가 주문'**과 **'시장가 주문'**의 2가지 방식이 있습니다. 지정가주문은 가격을 정해놓고 매매를 실행하는 방식입니다. '예를 들어, 500엔까지는 사겠다'라는 식입니다. 반면 시장가 주문은 가격을 지정하지 않는 주문입니다. 얼마든 상관없으니 사달라는 의미입니다.

인터넷 증권사를 통해 거래하는 경우, **'호가창'**을 통해 어느 가격에 얼마만큼의 매도 주문과 매수 주문이 들어와 있는지 확인할 수 있습니다. 예전에는 거래소에서 시장 대리인이라고 불리는 증권맨들이 수작업으로 주문을 처리했는데, 하나의 가격에 해당하는 전표를 '판(板)'이라고 불렀습니다. 거래가 활발할 때는 전표 순서를 정리하기 위해 잠시 거래를 중단하는 경우도 있었습니다. 이러한 관행의 흔적이 남아 지금도 가격 관련 정보를 '호가창(板情報)'이라고 부르게 된 것입니다.

예를 들어, 1엔 단위로 가격이 움직이는 종목의 경우, 가격대별 매매 주문량이 많으면 매도와 매수 모두 원활하게 체결됩니다. 반면, 가격대별 주문량이 지나치게 적으면 거래가 원활하지 않아 매매에 어려움을 겪게 됩니다. 예를 들어, 주가가 500엔인 종목의 호가창이 다음과 같이 구성되어 있다고 가정해봅시다. 500엔에 매도 주문 100주, 그 위로 503엔에 100주, 505엔에 100주, 510엔에 100주가 걸려 있다면, 대량 매수 주문을 넣고 싶어도 높은 가격의 물량만 선택할 수 있고 한 번에 100주씩밖에 매수할 수 없습니다.

만약 시장가 주문으로 1,000주를 매수하려 한다면 주가가 어디까지 상승할지 가늠하기 어려운 상황입니다. 따라서 주식 투자에서 종목을 선별할 때는 유동성이 충분한지 확인하는 것이 중요합니다. 자신의 매매로 인해 가격이 급등락하는 상황은 피해야 하기 때문입니다.

다만 최근에는 일부 외국인 투자자나 기관 투자자들이 거래소 인근에 매매 시스템을 설치하고 밀리초(0.001초) 단위로 대량 주문을 반복하는 초단타매매(HFT= High Frequency Trading)가 보편화되고 있습니다. 일종의 시세차익을 노리는 트레이딩 방식인데, 이로 인해 일부 종목에서는 호가창 정보가 제대로 보이지 않거나 왜곡되는 경우도 발생합니다.

추세를 파악하라

　주식 투자에서 가장 피하고 싶은 상황은 주식을 매수하자마자 주가가 하락해서 손실을 보는 것입니다. "중장기 투자니까 첫날 조금 손해를 봤다고 해서 초조해할 필요는 없다"라는 사람도 있겠지만, 역시 매수 첫날부터 손실이 난다면 누구라도 기분이 좋을 수 없습니다. 그렇기 때문에 현재의 '주가 추세'를 정확히 판단하는 것이 중요합니다. 즉, 지금 주가가 상승 추세인지, 아니면 하락 추세인지 명확하게 파악해야 합니다. 주가가 상승 추세일 때는 어느 지점에서 매수하더라도 수익을 낼 수 있습니다. 반대로 하락 추세일 때는 어느 지점에서 매수하든 손실을 피하기 어렵습니다.

　흔히 저지르기 쉬운 실수 중 하나는 '하락 추세에서 일시적으로 주가가 반등할 때 매수하는 것'입니다.

　주가는 항상 등락을 반복하기 때문에 하락 추세 속에서도 잠시 주가가 상승으로 전환되는 경우가 있습니다. 이러한 하락 추세 속의 작은 반등 구간에서 많은 투자자들이 '이제 바닥을 찍은 것 아닐까?'라고 판단하고 매수에 나섭니다. 하지만 하락 추세가 아직 끝나지 않은 상황이라면, 주가가 조금만 반등해도 미실현손실을 안고 있던 투자자들이 '이제 손실이 조금 줄었으니 팔자'라는 심리로 매도에 나섭니다. 하락 추세가 끝나지 않는 한 이러한 움직임은 끊임없이 반복됩니다. 결국 하락 추세 속 일시적인 반등 시점에 매수하면 계속해서 손실을 보게 됩니다.

한편, **시장이 강한 상승 추세일 때는 앞서 설명했듯이 어느 시점에서 매수해도 수익을 얻을 수 있습니다.** 물론 주가는 끊임없이 등락을 반복하기 때문에 상승 추세 속에서도 주가가 하락하는 구간이 존재합니다. 이를 '**눌림목**'이라고 하며, 이때가 바로 절호의 매수 기회입니다. 강한 상승 추세의 종목을 잠시 하락한 타이밍에 매수한다면 그만큼 더 큰 수익을 기대할 수 있습니다. 따라서 이런 눌림목은 적극적으로 공략해야 하지만, 문제는 그것이 '강한 상승 추세 속의 눌림목'인지, 아니면 '고점을 찍고 하락 추세로 접어드는 조짐'인지 구분하기 어렵다는 점입니다. 절호의 눌림목이라고 판단해서 진입했으나 이미 주가는 천장에 도달한 상태였고, 결과적으로 큰 손실을 입는 경우도 흔히 볼 수 있습니다.

이러한 차이를 구분하기 위해서는 앞서 언급한 이동평균선을 참고하는 것이 좋습니다. 주봉에서 26주 이동평균선이 뚜렷한 상승 추세를 그리고 있다면 기본적으로 시장은 강세라고 판단할 수 있습니다. 또는 특정 종목을 1년이나 2년 이상 장기간 보유하고 있는 경우에는 월봉을 확인해보는 것도 좋은 방법입니다. 장기 투자니까 굳이 주가를 확인할 필요 없다고 생각하는 사람도 있지만, 그로 인해 절호의 이익 실현 기회를 놓칠 수도 있습니다. 가끔이라도 주봉이나 월봉을 확인하면서 현재 '주가 위치'를 살펴보시기를 바랍니다.

그리고 또 하나, 추세 전환점을 예측하기 위해 추세선을 직접 그려보는 것도 좋은 방법입니다. **가장 기본적인 추세선은 특정 기간 동안 주가의 저점과 그 이후에 형성된 두 번째 저점을 직선으로 연결한 선입니다.** 이것이 상승 추세선입니다. 주가가 이 선을 따라 상승하고 있다면 상승 추세가 지속되고 있다고 판단합니다. 이후 주가가 하락했다가 다시 반등하는 과정에서 처음 나타나는 고점을 기준으로, 기존 추세선과 평행하게 선 하나를 추가합니다. 이 선이 채널선입니다. 주가가 추세선과 채널선 사이에서 움직이는 것은 상승 흐름이 강하다는 신호입니다. 만약 주가가 채널선을 명확하게 상향 돌파한다면, 이번에는 이 채널선이 지지선으로 기능할 가능성도 있습니다(179페이지 참조). 반대로 하락 추세일 경우에는 캔들의 고점과 고점을 연결해 하락 추세선을 그립니다. 채널선도 같은 방식으로 설정합니다.

상승 추세에서 저점과 저점을 연결한 추세선을 주가가 위에서 뚫고 내려간다면 이제 곧 하락 추세로 전환될 조짐일 수 있습니다. 반대로 하락 추세에서 고점과 고점을 연결한 추세선을 주가가 아래에서 위로 돌파한다면 곧 상승 추세로 전환될 가능성이 있습니다. 다만 기술적 분석에는 소위 '속임수'라고 불리는 예외적인 움직임이 나타나기도 합니다. 이에 대처하기 위해서는 추세선을 수정해야 하지만 여기서는 기초적인 방법만 다루겠습니다. 언젠가 관심이 생기면 그때 배워도 늦지 않습니다.

레이저테크(6920) 주봉 차트

출처 : i-Chart

추세선과 채널선

특정 기간 동안 형성된 주가의 저점과 그 이후 형성된 두 번째 저점을 직선으로 연결합니다. 이것이 바로 상승 추세선입니다. 주가가 이 추세선을 따라 상승세를 이어간다면 상승 추세가 지속되고 있다고 판단할 수 있습니다.

주가가 저점을 찍고 반등하는 과정에서 첫 번째 고점이 형성됩니다. 이 고점을 기준으로 기존 추세선과 평행하게 또 하나의 선을 추가합니다. 이 선이 바로 채널선입니다. 주가가 추세선과 채널선 사이에서 움직이는 것은 상승 흐름이 강하다는 신호입니다. 만약 주가가 채널선을 명확하게 상향 돌파한다면, 이번에는 이 채널선이 지지선으로 작용할 가능성이 있습니다.

제 6 장

매매의 기본원칙과 리스크 관리

자신의 리스크 감내 수준을 파악하라

　자산 운용 시 리스크 관리에서 가장 중요한 점은 자신이 감내할 수 있는 리스크의 수준을 파악하는 것입니다. 우선, 자신이 '리스크가 있는 자산'을 보유했을 때 마음의 평정을 유지할 수 있는 사람인지 생각해봅시다. 리스크란, 결과가 불확실하다는 것을 의미합니다. 리스크와 리턴의 관계는 동전의 양면과 같아서 큰 수익을 기대할수록 리스크도 커지고 그만큼 큰 손실이 발생할 가능성도 커집니다.

　물론 리스크 자산에 투자하는 비율에는 개인차가 있습니다. 예를 들어, 주식 투자에서 미실현손실이 발생했을 때, 불안하고 초조해서 일에 집중하지 못하는 사람이 있는 반면, 같은 손실이 발생해도 크게 동요하지 않는 사람도 있습니다. 감정 기복이 심하면 정신적으로나 신체적으로나 견디기 힘들기 때문에, 기본적으로 장기간 주식 투자를 이어나가려면 미리 '대책'을 세워둘 필요가 있습니다.

그 방법은 결국 투자 금액을 조절하는 것밖에 없습니다. 즉, 마음을 졸이지 않을 정도의 손실로 끝날 수 있는 범위 안에서 투자해야 한다는 뜻입니다.

예를 들어, 주가가 절반으로 떨어진다고 가정해봅시다. 그때 입게 될 손실액을 구체적인 숫자로 계산해보고 그만큼 손실을 입어도 자신이 평정심을 유지할 수 있는지 생각해보는 것입니다. 가령, 투자 금액이 100만 엔이고 그 금액이 반 토막 난다면 손실액은 50만 엔입니다. 당신은 50만 엔의 미실현손실을 안은 상태로 평온한 일상생활을 유지할 수 있습니까? 솔직히 그것은 조금 어려울지도 모릅니다. 그렇다면 100만 엔의 자산 중 10만 엔을 투자에 사용했는데 일시적으로 5만 엔의 미실현손실이 발생한다면 어떨까요?

투자한 회사가 지속적으로 성장할 수 있는 탄탄한 비즈니스 모델을 갖추고 있다면, 주식을 보유하는 동안 주가가 다시 상승세로 전환되어 미실현손실을 해소하고, 더 나아가 시세차익까지 얻을 가능성도 있습니다. 이 점을 염두에 두고 생각했을 때, 5만 엔 정도의 미실현손실은 충분히 감당할 수 있다고 판단된다면 자산 일부를 주식 투자에 할당해도 괜찮습니다.

반대로 미실현손실이라도 '1만 엔의 손실조차 허용할 수 없다'라고 생각한다면 주식에 직접 투자하기보다는 투자신탁 같은 분산 투자형 금융상품을 통해 자산 운용 리스크에 조금씩 익숙해지는 방법도 있습니다. 최근에는 확정기여형 퇴직연금이나 적립형 NISA[8] 같은 비과세 제도를 통해 투자신탁을 유리하게 운용할 수 있는 제도도 마련되어 있습니다.

솔직히 말해 적립형 NISA만으로는 평생 안심할 수 있는 자산을 형성하기에는 충분하지 않습니다. 그러나 본격적인 주식 투자를 시작하기 전에 훈련 삼아 투자신탁을 활용해보는 것은 좋은 방법입니다. 이 과정을 통해 점차 자신의 리스크 감내 수준을 높여갈 수 있기 때문입니다. 자신의 리스크 감내 수준을 알고 있는 것과 전혀 모르는 것의 차이는 손실을 입었을 때 마음의 평정심 유지에 엄청난 차이를 만들어냅니다. 그리고 바로 그 차이가 장기 투자를 계속 이어갈 수 있는지의 여부를 결정짓는 중요한 갈림길이 되기도 합니다. 개별 종목에 장기 투자를 고려하고 있다면 이 부분은 반드시 숙지해야 할 핵심 포인트입니다.

---

8) NISA : 정식 명칭은 소액 투자 비과세 제도(Nippon Individual Savings Account). 개인 투자자를 위한 일본의 소액 투자 비과세 제도로 일정 한도 내에서 주식이나 투자신탁에 투자해 얻은 수익에 대해 세금이 면제된다. 일반, 적립형, 주니어의 3가지 유형이 있다. – 역자 주

한 번에 매수하지 말고 나눠서 매수하라

이전 장에서도 언급했듯이 주식을 매수하자마자 주가가 하락하면 기분이 좋지 않습니다. 시작부터 김이 빠지는 기분이니 당연히 그럴 수밖에 없습니다. 하지만 주식을 매수한 직후 주가가 하락해서 미실현손실을 떠안게 되는 경험은 주식 투자를 해본 사람이라면 누구나 한 번쯤은 겪어봤을 것입니다. 이런 씁쓸한 경험을 피할 방법은 없을까요?

가장 현실적인 해결책은 한 번에 매수하지 않는 것입니다.

예를 들어, 현재 수중에 100만 엔이 있고 그 돈을 주식에 투자하려 한다고 가정해봅시다. 현재 주가는 주당 500엔입니다. 이 자금을 전액 투자하면 총 2,000주를 보유할 수 있습니다. 하지만 **2,000주에 투자할 수 있는 자금력이 있어도 한 번에 투자하지 않는 것이 좋습니다.** 그 이유는 앞서 말씀드린 것처럼 매수 직후 주가가 하락할 위험이 있기 때문입니다.

만약 주당 500엔에 2,000주를 매수한 직후 시장이 급락해서 주가가 450엔까지 떨어졌다고 가정해봅시다. 종목에 따라서는 하루 만에 주가가 10%가량 하락하는 경우도 있습니다. 주가가 450엔으로 하락하면 2,000주를 보유한 상태에서 평가액은 90만 엔이 됩니다. 순식간에 10만 엔의 미실현손실을 떠안게 되는 셈입니다. 기분이 좋을 리가 없겠죠.

그렇다면 이번에는 4회에 나눠 매수를 진행했다고 가정해봅시다. 매수 시점별 주가는 다음과 같습니다.

1회차=500엔
2회차=450엔
3회차=460엔
4회차=420엔

총 100만 엔을 4회에 나눠 투자한다고 가정하면 1회당 투자 금액은 25만 엔입니다. 약간의 잔액이 생기겠지만 매수 가능한 수량만큼 주식을 매수해봅시다. 참고로 이 종목의 1단원당 주식 수는 100주입니다.

그러면 회차별로 투자 가능한 주식 수는 다음과 같습니다.

1회차=500주(투자 금액 : 25만 엔)
2회차=500주(투자 금액 : 22만 5,000엔)
3회차=500주(투자 금액 : 23만 엔)
4회차=500주(투자 금액 : 21만 엔)

투자 금액 관계상 단원주 단위로 매수하려면 잔액이 발생하기 때문에 일부 현금이 남게 됩니다. 4회에 걸친 총투자 금액은 91만 5,000엔이므로 8만 5,000엔이 현금으로 남습니다. 만약 4회차 투자 후 주가가 다시 500엔으로 회복된다면 남은 자금으로 170주를 추가 매수할 수 있습니다. 여기서는 단원주 투자를 전제로 하므로 실제로 추가 매수 가능한 주식 수는 100주입니다. 이 100주를 포함하면 총 5회에 걸쳐 2,100주를 확보하게 됩니다. 한 번에 전액을 투자했을 때보다 100주나 더 많은 수량입니다.

이 100주는 의외로 큰 차이를 만들어냅니다. 앞서 말씀드린 것처럼 만약 주가가 주당 500엔으로 회복되었다면 2,100주의 평가액은 105만 엔이 됩니다. 5만 엔의 수익이 발생한 것입니다. 하지만 주당 500엔일 때 전액을 한 번에 투자했다면 주가가 420엔으로 하락했을 때 평가액은 84만 엔으로 줄어 16만 엔의 미실현손실을 떠안게 됩니다. 이후 주가가 500엔까지 회복되더라도 겨우 원금 수준인 100만 엔을 회복하는 데 그쳤을 것입니다.

물론 이것은 하나의 예시에 불과합니다. 그렇다면 **처음에 100주를 매수한 이후 주가가 순조롭게 상승한 경우는 어떨까요?** 주당 500엔에 100주를 매수했는데 주가가 600엔까지 상승했다고 가정해봅시다. 이 경우 많은 투자자들이 매도를 고려할 것입니다. 하지만 당신이 유망하다고 판단한 기업의 주가가 예상대로 상승했다면, 그것은 당신의 판단이 옳았다는 증거이기도 합니다. 이 시점에서 600엔에 100주를 추가로 매수한다면 평균 매수 단가는 550엔(500+600÷2)이 됩니다. **현재 시세보다 50엔의 미실현이익이 발생하는 셈이므로 이 경우에는 추가 매수도 고려해볼 만합니다.**

이것이 중장기 투자에 임하는 사고방식이라고도 할 수 있습니다. 물론 주가가 상승한 시점에서 남은 자금을 다른 종목에 투자하는 선택지도 있습니다.

이처럼 매수 시점을 분산해서 투자하는 방법을 '**분할매수**'라고 합니다. 물론 이 방식이 언제나 성공한다는 보장은 없습니다. 그러나 주가는 본래 등락을 반복하는 특성이 있다는 점을 감안할 때, 특히 **하락장에서는 '심리적·금전적 리스크'를 완화하는 데 매우 효과적입니다. 따라서 투자는 될 수 있으면 여러 번에 나눠 진행하는 것이 바람직**합니다.

이익 확정도 나눠서 해도 좋다

그렇다면 반대로 이익을 확정할 때는 어떻게 해야 할까요?

한 번에 전량을 매도하고 만족한 뒤 다음 종목을 찾아 나서는 것도 좋은 방법입니다. 한편, 매수할 때와 마찬가지로 여러 번에 나눠 매도하는 방법도 있습니다. 투자한 종목이 예상대로 상승했을 때, 만약 4회에 걸쳐 총 400주를 매수했다면 우선 100주만 먼저 매도해보는 것도 심리적으로 좋은 선택이 될 수 있습니다. 일단 일부라도 이익을 확정하면 나머지 물량은 서두르지 않고 매도 시점을 판단할 수 있는 여유가 생깁니다. 이처럼 매도 시에도 시간을 분산하는 전략을 활용해보는 것은 어떨까요.

제가 아는 한 자산가는 자신이 보유한 주식을 매도할 때 마지막 단원주만 남기는 방식을 꾸준히 이어오고 있습니다. 예를 들어, 100주씩 4번에 걸쳐 매수하고, 평균 매수 단가는 500엔이었다고 가정해봅시다. 매수에 필요한 금액은 총 20만 엔입니다. 이후 주가가 1,000엔으로 상승했을 때 300주를 매도하고 100주만 남깁니다. 그러면 매도금액은 30만 엔이므로 원금 20만 엔을 이미 회수한 상태에서 남은 100주는 사실상 무상으로 보유하게 된 셈입니다. 이처럼 원금을 회수한 후에도 주식을 일부 남겨두는 방식으로 무상 취득한 주식을 차곡차곡 쌓아가는 전략입니다.

이제 남의 주식의 시세에 일희일비할 필요는 없지만, 문득 확인해보면 어느새 평가이익이 더욱 커져 있는 경우도 많다고 합니다. 이런 여유가 자산가의 자산을 더욱 불려주는 원동력인 것 같습니다.

단기 트레이딩으로 주식을 매매하는 사람들은 포지션을 정리할 타이밍을 기술적 분석에 근거해 판단하는 경우가 많습니다. 손절매 역시 대부분 자신만의 손절 라인을 미리 정해두고 이에 따라 움직이기 때문에, 결국 중요한 것은 스스로 정한 매매 원칙을 얼마나 잘 지킬 수 있는가에 달려 있습니다.

그렇다면 중장기 투자를 기본으로 하는 투자자는 어떨까요? 중장기 투자를 하는 개인 투자자들은 대부분 단기 트레이더처럼 빈번하게 매수와 매도를 반복하지는 않지만, 그 대신 투자한 종목의 매도 시점을 명확히 정하지 않는 경우가 많습니다.

예를 들어, "스스로 만족할 만한 수익이 나면 매도한다"라거나 "주가가 3,000엔이 될 때까지는 보유한다", 혹은 "절대 팔지 않겠다"라는 투자자도 있습니다.

그렇다면 스스로 만족할 만한 수익이란, 구체적으로 얼마 정도일까요? 인간은 기본적으로 욕심이 많은 동물이기 때문에 평가이익이 200만 엔, 300만 엔, 400만 엔으로 늘어날수록 더 많은 수익을 기대하는 마음도 점점 커지기 마련입니다. 물론 이것은 이것대로 훌륭한 결과입니다. 하지만 주가에 지나치게 집착하는 것은 프로 투자자의 자세라고 할 수 없습니다.

만약 주가가 비교적 낮은 시점에서 매수한 주식이 몇 차례의 주식 분할을 거치고, 회사의 성장과 함께 배당금도 꾸준히 증가했다면 매년 수십만 엔, 경우에 따라서는 백만 엔 단위의 배당금을 받을 수 있습니다. 굳이 매도할 이유가 없죠. 영원히 보유하는 선택도 충분히 가능합니다. 그야말로 이상적입니다. 하지만 대부분의 주식 투자자는 중장기 투자라고 해도 어느 시점에서는 매도해서 이익을 확정하는 것이 일반적입니다.

그렇다면 중장기 투자자는 어떤 기준을 바탕으로 매도 결정을 내려야 할까요? 가장 중요한 것은 투자 대상 기업의 비즈니스 모델이 여전히 유효한지 점검하는 것입니다. 단기 트레이더는 주가의 움직임 자체를 매매 대상으로 삼습니다. 좀 더 자세히 설명하자면, 단기 트레이더는 기업의 실적이나 재무 상태, 장기적인 성장 가능성 같은 펀더멘털 요소에는 기본적으로 큰 관심이 없습니다. 주가가 크게 움직이기만 하면 그것이 곧 투자 기회입니다. 즉, 그들은 변동성에 투자하는 것입니다.

반면 **중장기 투자자는 기업의 내실에 투자합니다.** 물론 투자할 때 현재 주가 수준도 고려하지만, 실제로 투자 여부를 결정짓는 기준은 그 기업의 펀더멘털입니다. **펀더멘털 측면에서 지속적인 투자가 가능한지 판단할 수 있는 근거는 그 기업이 보유한 비즈니스 모델입니다.** 비즈니스 모델이 탄탄하면 기업은 계속 수익을 창출할 수 있습니다.

즉, 이미 비즈니스 모델이 무너진 기업에는 더 이상 투자할 수 없다는 의미입니다. 예를 들어, 자신의 힘으로 작은 회사를 창업해 세계적인 대기업으로 성장시킨 카리스마 있는 경영자가 어느 날 갑자기 세상을 떠났다고 가정해봅시다. 물론 그 경영자가 유능한 후계자를 길러두고, 자신에게 무슨 일이 생기더라도 사업이 정상적으로 운영되도록 체계를 갖춰놓았다면 투자를 이어가도 무방합니다.

하지만 그런 승계가 제대로 이루어지지 않은 채 오직 그 카리스마 경영자의 비즈니스 감각에만 의존해 유지되어온 회사라면, 그 인물이 사라지는 순간 경영은 크게 흔들릴 수밖에 없습니다.

또한 경쟁사가 대거 등장하는 상황도 경계해야 합니다.

어떤 기업이 특정 상품이나 서비스를 개발해 큰 성공을 거두며 성장했다고 가정해봅시다. 선구자로서 주목받는 것은 좋지만, 문제는 그 상품이나 서비스를 보호해줄 높은 진입장벽의 존재 여부입니다. 이 부분이 취약하다면 선구자로서 타사보다 앞서 있는 순간에는 수익을 얻을 수 있겠지만, 시간이 흐를수록 유사한 상품이나 서비스를 제공하는 경쟁사가 속속 등장하게 됩니다. 이러한 경쟁사들이 비슷한 제품과 서비스를 제공하기 시작하면 결국에는 가격 경쟁이 불가피해집니다. 즉, 할인 경쟁이 과열되면서 수익률은 점점 낮아질 수밖에 없습니다.

이것이 바로 비즈니스 모델이 흔들리기 시작하는 신호입니다. 이렇게 되기 전에, 혹은 조짐이 보이기 시작했을 때 매도해야 합니다. 매수 당시의 전제가 이미 무너지고 있기 때문입니다. 물론 재무적으로 탄탄한 기업이라면 새로운 비즈니스 모델이 정립될 때까지 버틸 수 있을지도 모릅니다. 하지만 벤처 기업의 경우, 그때까지 버티지 못하고 경영파탄에 빠질 위험도 적지 않습니다. 카리스마 경영자의 부재나 경쟁사의 진입 등으로 비즈니스 모델이 흔들릴 조짐이 보인다면, 우선은 매도한 뒤 향후 상황을 지켜보는 것이 현명합니다.

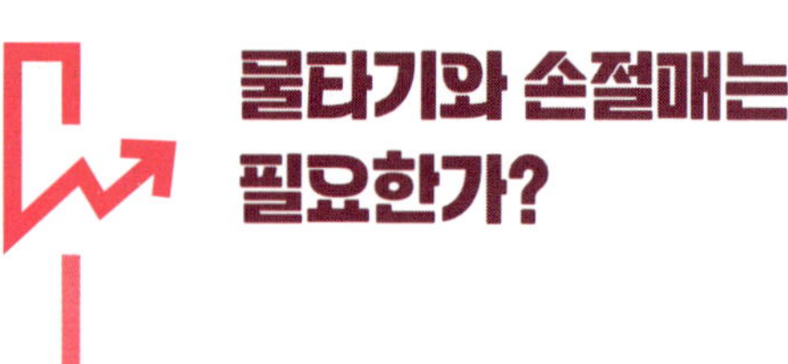

장기적인 관점에서 정말로 우량 종목에 투자하고 있다면 기본적으로 손절매는 필요하지 않습니다. 앞서 언급했듯이, 비즈니스 모델이 무너지지 않는 한 해당 기업에 계속 투자하면 됩니다. 그럼에도 경기순환으로 경기가 침체 국면에 접어들거나, 리먼 사태나 코로나 사태 같은 일시적인 충격으로 주가가 급락하는 상황이 발생할 수 있습니다. 그러나 비즈니스 모델만 건재하다면 **이러한 급락은 오히려 '매수' 기회입니다.** 주가가 크게 하락했을 때 매수해서 보유 주식을 늘려두면 배당금 수익도 그만큼 늘고, 주가가 바닥을 찍고 반등할 때는 저가에 얼마나 많은 양을 매수했느냐에 따라 회복 속도도 그만큼 빨라집니다.

하지만 비즈니스 모델이 무너졌다고 판단되면 보유 종목에 손실이 발생했더라도 매도하는 것이 좋습니다. 그런 의미에서는 장기 투자라고 해도 손절매가 필요한 경우는 분명 존재합니다. '하락했을 때 매수한다'라는 말을 들으면 **물타기**를 떠올리는 사람도 있을 것입니다. 물타기란, 투자한 기업의 주가가 크게 하락했을 때 같은 종목을 추가 매수해 평균 매수 단가를 낮추는 방법입니다. 주가가 반등 국면에 들어섰을 때 손실 회복을 앞당기는 효과를 기대할 수 있습니다.

다만 물타기에는 한 가지 문제가 있습니다. 바로 물타기를 한 지점이 진짜 바닥인지 알 수 없다는 점입니다. 600엔이 바닥이라고 생각해 물타기를 했는데 주가가 400엔까지 떨어지면, 물타기 한 분량까지 손실이 발생해서 원금 회복이 더욱 어려워집니다.

이는 경기순환이나 일시적인 경제 쇼크로 주가가 급락했을 때의 추가 매수에도 해당되는 이야기지만, 중요한 것은 비즈니스 모델이 붕괴되지는 않았는지, 혹은 그 기업만의 강점이 사라지지 않았는지 면밀히 검토하는 것입니다. 문제가 없다고 판단되면 물타기를 해서라도 보유 주식 수를 늘리는 것이 좋습니다. **'여기가 바닥인지 아닌지'를 확인하는 방법은 제5장을 참고하시기 바랍니다.**

한편 단기 트레이딩의 경우에는 이익 실현도 중요하지만, 손절매를 정확하게 실행하는 것이 무엇보다 중요합니다. 이는 시장에서 살아남기 위한 리스크관리 그 자체라고 해도 과언이 아닙니다. 특히 신용 거래를 활용해 단기 트레이딩을 하고 있다면 더욱 그렇습니다. 신용 거래란, 증권금융회사에 담보를 맡기고 자금을 빌려서 주식을 매매하는 제도입니다. 단기간에 큰 수익을 실현하려면 신용 거래의 힘을 빌릴 수밖에 없습니다. 신용 거래를 이용하면 증거금으로 예치한 금액의 약 3배까지 투자할 수 있기 때문입니다. 예를 들어, 증거금 100만 엔을 맡기면 최대 300만 엔어치의 주식을 매수할 수 있습니다.

하지만 **손실이 커지면 문제가 복잡해집니다.** 신용 거래는 주식 투자에 필요한 자금을 빌려서 투자하는 것임을 잊어서는 안 됩니다. 따라서 보유한 포지션에 손실이 발생하면 자금을 대출해준 증권금융회사는 담보의 안전성을 높이기 위해 추가 담보를 요구하거나, 또는 투자가가 신용 거래로 보유하고 있는 종목을 매도해 더 이상 손실이 커지지 않도록 조치할 것을 요구하게 됩니다.

예를 들어 증거금 100만 엔으로 주가가 1,000엔인 종목을 신용 거래 한도 내에서 300만 엔 상당, 즉 3,000주를 매수했다고 가정해봅시다. 그 후 주가가 800엔까지 급락할 경우, 3,000주를 매수했으므로 ▲200엔×3,000주=60만 엔의 손실이 발생합니다. 이 시점에서 신용 거래로 매수한 주식을 청산하고, 예치한 증거금에서 손실을 차감하면 수중에 남는 금액은 40만 엔이 됩니다. 주가는 20% 하락했지만, 증거금을 투자 원금으로 간주했을 경우 손실률은 무려 60%에 달합니다. 증거금의 담보가치가 크게 줄어들고 추가 담보를 넣을 수 없다면 더 이상 신용 거래를 지속할 수 없습니다.

그렇기 때문에 시장에서 살아남기 위해서는 손절매가 반드시 필요합니다. 손절매 라인을 설정하려면 별도의 고려 사항이 필요하지만, 일반적으로 매수가 대비 3% 정도 하락한 지점을 손절매 라인으로 설정하면 큰 손실 없이 추가 담보의 부담도 피하면서 기사회생을 노릴 수 있습니다.

이처럼 투기적인 단기 트레이딩과 중장기 투자 사이에는 접근 방식에 큰 차이가 있다는 점을 이해하시기 바랍니다.

투자 스탠스를 도중에 바꾸지 않는다

인간은 무엇이든 자신에게 유리한 방향으로 해석하는 경향이 있습니다. 그것은 주식 투자에서도 예외가 아닙니다. 흔히 볼 수 있는 사례로, 본래 단기 시세차익을 노리고 투자했다가 손실이 발생하자마자 "장기 보유로 전환해서 손실을 만회하겠다"라고 말하는 경우가 있습니다. 아마 본인은 '계속 보유하면 투자한 기업이 점차 성장궤도에 올라 주가가 상승하고, 그러면 이 정도 손실은 충분히 만회할 수 있겠지'라고 생각할 것입니다. 하지만 안타깝게도 이러한 생각은 보상받지 못합니다. 애초에 선택한 기준이 다르기 때문입니다.

단기 트레이딩으로 수익을 얻을 수 있는 종목은 변동 폭이 큰 종목입니다. 예를 들어, 데이 트레이더는 손절매를 하든 이익 실현을 하든 기본적으로 당일 안에 거래를 마감합니다. 일본 주식 시장이 개장하는 오전 9시부터 거래가 종료되는 오후 3시까지 수익을 내고, 다음 날 거래가 시작되기 전까지 포지션을 보유하지 않는 것이 데이 트레이더의 특징입니다. 이 가운데 점심시간을 제외하면 실제 거래 시간은 5시간에 불과합니다.

게다가 주식 시장의 흐름을 계속 지켜보면 알 수 있듯이, 거래가 활발하게 이루어지는 시간대는 오전 9시부터 10시까지 약 1시간, 그리고 오후 2시 30분부터 3시까지 약 30분밖에 되지 않습니다. 그 외의 시간대에는 특별히 큰 뉴스라도 들어오지 않는한 활발하게 거래하는 사람도 없고, 따라서 주가 변동이 거의 없는 경우도 있습니다. 이런 상황에서 많은 단기 트레이더들은 조금이라도 변동성이 클 것으로 예상되는 종목을 찾아 꾸준히 작은 수익을 쌓아갑니다. 시세차익만 얻으면 그만이기 때문에 기업 실적 같은 요소는 당연히 중요하지 않습니다.

이처럼 단기적인 시세차익을 목적으로 차트를 분석하고, 개인 투자자들이 다양한 의견을 나누는 온라인 게시판 등을 참고하면서 당일 큰 움직임을 보일 만한 종목을 골라 투자합니다.
그런데 그 결과, 예상이 빗나가서 큰 손실을 떠안게 되었다고 가정해봅시다. 이때 단기 트레이더가 가장 먼저 해야 할 일은 손실이 발생한 종목을 매도해 손실이 더 이상 커지지 않도록 방어하는 것입니다. 애초에 주가 변동성이 큰 종목을 선택했기 때문에, 이후 주가가 더욱 크게 하락해 감당할 수 없을 만큼 손실이 확대될 위험도 있습니다. 그럼에도 사람들은 어째서인지 '매도하지 않고 버티는' 경우가 많습니다. 자신의 실패를 인정하고 싶지 않기 때문입니다.

　물론 자신이 정한 투자 원칙을 철저히 지키며 단호하게 매도 결정을 내리는 투자자도 있습니다. 가까운 시일 안에 주가가 다시 원래 수준으로 회복될 가능성이 크다고 생각하면서도 마음을 굳게 먹고 매도하는 것입니다. 이런 단기 트레이더는 성공할 가능성이 큽니다. 반면 실패하는 단기 트레이더는 '오늘은 하락했지만, 내일부터는 점차 회복해서 손실을 만회할 수 있을 거야. 어쩌면 오히려 수익이 날 수도 있어'라며 자신에게 유리한 방향으로 해석합니다.

　서두에서도 언급했듯이 원래 단기 시세차익을 노리고 선택한 종목임에도 불구하고, 그런 단기 트레이더일수록 억지로 합리화하며 주식을 계속 보유하려고 합니다. 그러나 단기 시세차익을 목적으로 선택한 종목은 대부분 주가 변동 외에는 아무것도 확인하지 않았을 가능성이 큽니다. 아마 실적이나 재무 상태는 물론, 그 기업의 비즈니스 모델과 시장 경쟁력 같은 펀더멘털 요소도 제대로 파악하지 못했을 것입니다. 그런데 이런 종목을 두고 갑자기 "장기 투자로 전환하겠다"라고 하는 것은 무책임한 발상입니다. 애초에 투자 목적이 전혀 다른데 자신에게 유리하게 해석해서 투자 기간을 바꾼다 한들 손실이 회복되기는 어렵습니다. 단기 트레이딩에서 손실이 발생했을 경우, 최선의 대응은 손실 규모가 더 커지기 전에 과감히 포지션을 정리하는 것뿐입니다.

종목 분산에 얽매이지 않는다

주식 투자에서 리스크 관리 방법 중 하나로 '종목 분산'을 꼽을 수 있습니다. 흔히 말하는 논리는 다음과 같습니다.

"한 종목에만 투자하면 그 종목의 주가가 하락했을 때 손실을 피할 수 없다. 하지만 여러 종목에 분산 투자하면 어떤 종목에서 손실이 나더라도 다른 종목의 상승으로 손실을 줄일 수 있다."

일견 그럴듯하게 들리고 실제로 많은 투자자들이 여러 종목에 투자하고 있기 때문에 마치 올바른 방법처럼 여겨지기도 합니다. 하지만 여러 종목을 보유한 투자자들은 어디까지나 결과적으로 그렇게 된 것뿐입니다.

만약 어떤 기업이 반드시 성장할 것이라는 확신이 있다면 굳이 분산 투자할 필요는 없습니다. 그 종목에만 집중 투자하면 됩니다. 솔직히 저는 처음부터 분산 투자를 전제로 종목을 고르는 방식에는 회의적입니다. 예를 들어, 수중에 200만 엔의 현금이 있는데 이 돈을 50만 엔씩 나눠서 4개 종목에 투자한다고 가정해봅시다. 분산 투자를 전제로 종목을 고르면 대충 고르거나 가볍게 판단해서 투자할 위험이 있습니다.

역시 투자 종목을 고를 때는 신중하게 오래 보유할 수 있는 종목을 엄선해야 합니다. 그리고 매수 시점 또한 신중하게 판단해야 합니다. 이것이 제가 분산 투자를 당연하게 생각하는 사고방식에 반대하는 이유입니다.

매수 당시의 이유를 기억한다

지금까지 유망한 섹터나 종목을 어떻게 선별할 것인지 그 방법에 대해 살펴봤습니다. 리스크를 피하기 위해서는 시간 분산이 효과적이라는 점도 이해하셨을 것입니다. 하지만 실제로 종목을 매수하고 나면 어쩔 수 없이 당장의 주가 변동이 눈에 밟히기 마련입니다. 매수하자마자 손익 상황이 신경 쓰이는 것은 어찌 보면 당연한 일입니다. 스스로 조사하고 충분한 시간을 들여 종목을 선택하는 과정과 투자 후 주가 변동에 초조해지는 심리. 마치 마음이 둘로 분리된 것처럼 보이기도 합니다.

이럴 때 추천하고 싶은 것이 바로 투자 노트를 작성하는 것입니다.
'투자 노트' 하면, 왠지 번거롭게 느껴질 수 있지만, 사실은 간단합니다. **주식을 매수할 때 그 종목을 선택한 이유를 모두 기록해두는 것**입니다. 예를 들어, 통신사 A사의 주식을 매수했다면, "고속 통신 5G로 수요가 늘어날 가능성이 크다", "배당수익률이 3%대로 높은 수준이다", "경쟁사에 비해 규모가 크고 재무 상태가 우수해 중기적으로 배당 증가를 기대할 수 있다”, “PBR이 0.7배로 저평가되어 있다” 등의 이유를 기록하면 됩니다.

이후에도 이러한 선택 이유에 변화가 없다면 보유를 지속하는 것이 좋습니다. 매수 당시의 전제가 여전히 유지되고 있기 때문입니다. 그리고 여유가 있다면 **실적 동향 등을 정기적으로 점검하는 것도 효과적입니다.** 기본적으로는 본결산과 2분기 결산 정도는 체크해서 이익 상황을 확인하고 투자 노트에 기록해두는 것이 좋습니다. “제2분기 영업이익이 회사의 예상치를 상회했다”, “엔고 영향으로 예상보다 이익이 줄었지만, 매출은 계획대로다” 등, 신경 쓰이는 점을 적어두면 됩니다.

그리고 매수 당시의 전제가 무너졌다고 판단되면 매도를 고려해야 합니다. 예를 들어, A사의 경우 “경쟁사에 비해 실적 성장세가 둔화되었다”, “배당을 줄였다” 등을 꼽을 수 있겠죠. B사라면 “시장 침체로 재무 상황이 다소 약화되었다” 등이 이유가 될 수 있습니다.

이렇게 하면 당장의 주가 변동에 휘둘리지 않고 안정적으로 투자할 수 있을 것입니다. 또한 이 작업을 중장기적으로 계속하다 보면 기업에 대한 이해도 점점 깊어집니다. 결산 단신을 확인하거나 기업 홈페이지에서 제품 정보와 기술을 찾아보는 습관이 생기기 때문입니다. 그 결과, 다음 종목을 선택할 때는 분석력이 한층 높아져 수익을 올릴 가능성도 커집니다. 주가 차트를 꾸준히 살펴보며 ‘투자력’을 차근차근 키워나갑시다.

종목 교체는 부진한 회사부터

예를 들어, 4개 종목으로 포트폴리오를 구성하고 있다고 가정해봅시다. 이 중 2개 종목은 이미 충분한 미실현이익을 기록 중이며, 현재도 주가는 견조한 추이를 이어가고 있습니다. 하지만 나머지 2개 종목은 상황이 썩 좋지 않습니다. 투자한 지 1년이 넘었지만, 한 종목은 주가가 거의 오르지 않았고 다른 한 종목은 오히려 하락했습니다.

그렇다면 포트폴리오를 조정할 때 가장 먼저 손을 대야 할 종목은 무엇일까요?

결론부터 말씀드리자면 **가장 먼저 정리해야 할 것은 주가가 하락한 종목입니다.** 주가는 거의 오르지 않았지만, 눈에 띄는 손실도 발생하지 않았다면 그 종목은 일단 보유해도 무방합니다. 비즈니스 모델이 탄탄하다면 지금은 단지 주목받지 못하고 있을 뿐, 앞으로 매수세가 붙을 가능성도 있습니다. 반면 주가가 하락한 회사의 경우, 당초 예상했던 시나리오가 이미 무너지고 있다면 미련 없이 매도하는 것이 좋습니다.

그런데 신기하게도 실제로는 정반대로 행동하는 사람이 적지 않습니다. 즉, 주가가 꾸준히 상승해 충분한 미실현이익이 쌓인 종목부터 매도해버리는 것입니다. 이유는 어렴풋이 짐작이 갑니다. '이미 미실현이익이 쌓였으니 주가가 하락하기 전에 서둘러 이익을 확정하고 싶은' 마음도 있고, '지금까지 순조롭게 상승했으니 슬슬 천장이 가깝지 않을까?'라는 생각도 들고, '주가가 하락 중인 종목에 물타기를 해서 반등을 노려볼 수 있지 않을까?'라는 기대도 있을 것입니다. 그 결과, 미실현이익이 쌓인 종목을 매도해서 수익을 확정하고 하락 중인 종목을 추가 매수하는 것입니다.

하지만 냉정하게 생각해보면 주가가 견조하게 상승 중이고 비즈니스 모델도 여전히 강력하며 향후 성장도 기대되는 종목은 앞으로도 당신에게 수익을 안겨줄 가능성이 큽니다. 반대로 주가가 계속 하락 중이고 비즈니스 모델도 흔들리고 있는 종목은 이미 투자 당시의 시나리오가 무너졌다고 볼 수 있습니다. 이런 종목은 아무리 물타기를 해도 반등을 기대하기 어렵습니다. 시간이 지나도 주가가 회복되기는커녕 오히려 하락하는 경우도 적지 않습니다. 그런 종목을 오래 붙들고 있어봤자 아무 의미가 없습니다.

이제 충분히 이해되셨겠죠. 포트폴리오를 점검할 때는 미실현이익이 쌓인 종목부터 매도하는 것이 아니라, 주가가 부진하고 비즈니스 모델에도 더 이상 기대할 수 없는 종목부터 정리해야 한다는 점을 꼭 기억하시기 바랍니다.

제 **7** 장

10년 후까지 보유할 수 있는 불멸의 6가지 테마

개별 테마를 관통하는 공통 흐름이란

한때 투자 테마로 '워터프런트'나 '잠재 이익자산' 같은 키워드가 주목받던 시절이 있었습니다. 1980년대 후반 버블경제를 기억하는 사람들에게는 향수를 불러일으키는 단어일지도 모릅니다.

1998년부터는 'IT'가 화제가 되었습니다. 그 배경에는 이전까지 주로 연구용으로 사용되던 인터넷의 상용화라는 흐름이 있었습니다. 2000년대 들어서는 중국을 비롯한 신흥국이 부상하면서 BRICs(브라질, 러시아, 인도, 중국의 머리글자를 딴 조어)라는 단어가 여러 분야에서 쓰이게 되었고, 신흥국 진출에 나선 일본 기업들이 주목을 받았습니다. 그 뒤로도 '지구환경', '수자원', '헬스케어', '자원', '지열발전', '휴대전화', '항암제' 등 다양한 테마들이 화제가 되었다가 사라졌습니다. 그리고 현재는 'IoT', 'AI', '자율주행', '재생에너지', '반도체', '5G', 'FA(공장 자동화)', '전기차', '디지털 전환', '수소', '탄소 상쇄' 등 실로 다양한 투자 테마들이 주식 시장에서 화제가 되며 그때마다 관련 종목들의 주가가 출렁이곤 합니다.

테마는 종목을 선택할 때 하나의 계기가 되기도 합니다. 실제로 시장에서 화제가 된 투자 테마와 관련된 종목은 주가가 크게 움직이는 경우가 많아서 투자자들 사이에서도 주목을 받습니다. 이 책에서도 앞으로 10년간은 주목받을 것으로 보이는 테마와 기업을 소개해드리겠습니다.

다만 그 전에 유의할 점이 있습니다. **언뜻 보기에는 다른 테마처럼 보여도 실제로는 같은 흐름에서 출발한 경우가 많다는 점입니다.** 예를 들어, 최근 주목받는 테마인 FA와 5G, 반도체는 각각 별개의 테마처럼 보이지만 그 뿌리는 같습니다. 고속 통신 규격인 5G는 '고속, 대용량', '동시 다중접속', '저지연(Low Latency)'이라는 특징을 갖고 있으며, 통신 속도는 기존의 100배에 달합니다.

자동차에 여러 개의 센서를 장착하면 **'자율주행'** 시 갑자기 뛰어드는 물체나 전방의 장애물을 즉시 감지해서 피하거나 브레이크를 작동시킬 수 있습니다. 공장에서 생산 라인 로봇이나 제품에 센서를 부착하면 무인으로 24시간 가동하는 것도 더 이상 꿈이 아닙니다. **'FA(공장 자동화)'**를 도입한 공장에서는 IoT(사물인터넷)를 구축해 네트워크와 로봇, 센서가 일체화되어 있습니다. 로봇에 문제가 발생할 것 같으면 센서가 실시간으로 이를 감지하고, 중앙통제실 같은 곳으로 즉시 알림을 보내 수리나 교체가 가능해집니다. 또한 제품이 완전한 상태인지 센서가 스스로 판별할 수 있을지도 모릅니다. 더 나아가 공장의 야간경비도 센서가 탑재된 로봇이 대신할 수 있지 않을까요. 대용량 데이터를 빠르게 처리할 수 있어 다양한 정보를 주고받을 수 있습니다.

저지연 기술로 시간차가 없어지므로 **'온라인 진료'**를 통해 의사와 환자가 맥박이나 심전도 등의 데이터를 실시간으로 주고받는 것도 충분히 가능해집니다. 그러면 대면 진료의 필요성은 크게 낮아지겠지요. 이러한 기술을 실용화하려면 **'반도체'**의 고성능화가 반드시 필요합니다.

이처럼 '5G', '자율주행', 'FA(공장 자동화)', '온라인 진료', '반도체' 등은 각기 다른 투자 테마로 보이지만, 그 근간에는 공통점이 많습니다. 전 세계가 주목하는 **'탄소중립'**(탄소 배출과 흡수

개별적으로 보이는 테마는 근본적으로 서로 얽혀 있다

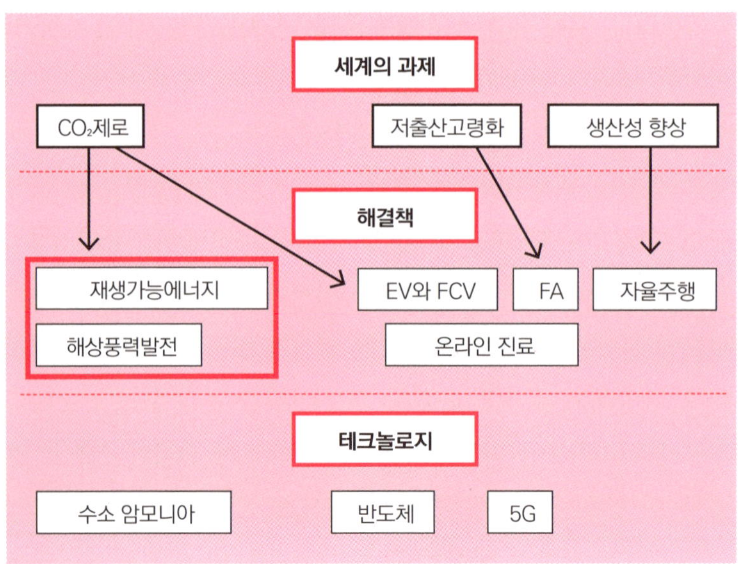

량의 균형)'과 CO$_2$(이산화탄소) 감축 역시 'EV(전기 자동차)', '재생 에너지', '연료전지' 등과 밀접하게 연결되어 있습니다. 특히 에너지 효율이 높은 차량에는 반도체와 센서가 필수적으로 탑재되어야 합니다.

또한 테마를 파악할 때는 제3장에서 언급한 **선진국에서 신흥국으로 이어지는 산업 이동**이라는 거대한 흐름을 염두에 두시기를 바랍니다. **산업은 선진국에서 신흥국으로, 그리고 프런티어 국가들로 흘러갑니다.** 이는 세계 경제의 글로벌화가 계속되는 한 거스를 수 없는 흐름이라고 해도 과언이 아닙니다.

신흥국이 점차 성장하는 한편, 선진국에서는 로봇과 인공지능, 블록체인, 가상현실, 증강현실 등 디지털 혁명을 중심으로 한 제4차 산업혁명이 본격화되며 기계가 인간의 업무를 상당 부분 대처하는 시대가 도래할 것으로 예상됩니다. 더불어 고령화가 빠르게 진행되고 있는 선진국에서는 의료 및 헬스케어 분야의 성장이 특히 두드러질 것으로 보입니다. 또한, 우리가 살아가는 이 지구 환경을 온전히 보전하지 않으면 사회도 경제도 정상적으로 유지될 수 없습니다. 이런 이유로 지구 환경 관련 비즈니스는 일시적인 유행이 아니라 앞으로도 지속적으로 성장할 가능성이 매우 큽니다.

이처럼 거스를 수 없는 거대한 테마를 찾아 그 분야에 자금을 투자하는 것은 중장기적으로 자산을 불리는 데 매우 효과적인 전략입니다. 이러한 관점에서 앞으로 10년 이상 보유할 수 있는 유망한 투자 테마 6가지를 소개합니다.

테마 1 │ 온실가스 실질제로 목표(해상 풍력 발전)

테마 2 │ EV(전기차)와 FCV(수소차)

테마 3 │ 통신량 증가(반도체, 5G)

테마 4 │ FA(공장 자동화)

테마 5 │ 헬스케어, 의료

테마 6 │ 노후 인프라 개선

거듭 말씀드리지만, 이 6가지 테마는 서로 밀접하게 연결되어 있으며, 단지 이해를 돕기 위한 편의상의 분류일 뿐이라는 점을 유념해주시기 바랍니다. 그럼 지금부터 각 테마를 하나씩 자세히 살펴보겠습니다.

온실가스 실질 제로 목표

다양한 테마 가운데에서도 가장 큰 테마 중 하나입니다. 무엇보다 지구적 차원에서 요구되는 과제이기 때문입니다. 이미 영국은 2050년까지 온실가스 배출량을 실질적으로 제로화하겠다는 목표를 내걸고, 2030년부터 휘발유차와 디젤차의 신차 판매를 금지하는 방침을 발표했습니다. 또한 온실가스 최대 배출국인 중국도 2060년까지 실질 제로를 달성하겠다고 선언했습니다.

미국은 트럼프 행정부 시절 파리 협정에서 탈퇴를 결정했으나 바이든 행정부 하에서 정식으로 복귀함에 따라 이 흐름은 전 세계적인 추세로 자리 잡게 되었습니다.

이와 관련된 다양한 비즈니스도 앞으로 한층 더 주목받게 될 것입니다. 자세한 내용은 뒤에서 다루겠지만 EV·수소차와 재생에너지는 '온실가스 실질 제로 목표'라는 큰 테마 안에 포함된 대표적인 비즈니스 분야입니다.

휘발유 자동차 판매를 금지한 국가 및 지역

일본	2030년대 중반 금지
캘리포니아 주	2035년 금지, HV도 금지
영국	2030년 금지, HV도 2035년 금지
독일	2030년 금지
중국	2035년 금지, HV 등 50%, EV 등 50%

출처 : HV : 하이브리드 차량

일본에서도 2020년 10월 스가 총리가 소신을 표명하는 연설을 통해 온실가스 배출을 전면적으로 제로화하겠다는 '2050년 탄소중립'을 공식 선언했습니다. 같은 해 12월 발표된 '탄소 중립을 위한 녹색 성장 전략'에서는 재생에너지 분야의 **해상 풍력·축전지, 수소 발전**을 통한 수소 산업 육성과 더불어 화력 발전+CO_2 포집 기술을 결합한 암모니아 연료 산업 창출이 핵심 전략으로 제시되었습니다.

일본의 탈탄소 전원 구성 목표는 다음과 같습니다.

'재생에너지 50~60%', '원자력/화력+CCUs(이산화탄소 포집·활용·저장)/탄소 재활용 30~40%', '수소·암모니아 10%'.

역시 재생에너지의 비중이 앞으로 더욱 높아질 것으로 예상됩니다. 현재 재생에너지 분야에서는 태양광 발전이 가장 널리 보급되어 있으며, 목질 자원이나 식물잔사(植物殘渣) 등을 활용한 바이오매스 발전이 그 뒤를 잇고 있습니다.

그러나 **대규모 발전 분야에서는 해상 풍력 발전이 가장 유망한 에너지원으로 주목받고 있습니다.** 현재 실용화된 육상 풍력 발전은 발전 규모가 작고 바람의 세기가 불안정할 뿐만 아니라, 소음 등의 문제로 인해 대중적으로 확산되기 어려운 한계가 있습니다. 반면 해상에서는 보다 안정적인 풍력을 확보할 수 있을 뿐만 아니라 다수의 풍력 터빈 설치가 가능해 대량의 안정적인 발전이 가능합니다. 실제로 유럽에서는 이미 해상 풍력 발전이 주요 전력원으로 활용되고 있습니다.

재생에너지 분야에서는 '해상 풍력 발전'이 가장 유망

2019년 4월, '해양 재생에너지 발전설비 정비에 관한 해역 이용 촉진법(재생에너지 해역 이용법)'이라는 법률이 시행되었습니다. 그동안 육상 풍력 발전은 점차 확산되어왔지만, 해상은 바람을 가로막는 장애물이 없어 보다 효율적인 발전이 가능할 뿐만 아니라 풍속도 대체로 안정적입니다. 인근에 거주하는 주민이 없어 발전 시 발생하는 소음 문제에서도 자유롭고 대형 풍력 터빈 도입도 가능합니다. 다만 지금까지는 해양 점유 기간이 3~5년으로 제한되어 있었던 점 등이 실용화를 가로막는 주요 장애물이었습니다.

하지만 재생에너지 해역 이용법의 시행으로 점유 기간이 30년으로 연장되면서 해상 풍력 사업의 실현 가능성은 한층 커졌습니다. 정부는 2030년까지 약 1,000kW 규모의 해상 풍력 발전 설비 도입을 목표로 삼고 있다고 밝혔습니다. 해상 풍력에는 해저에 기반을 고정하는 '고정식'과 풍력 터빈을 바다에 띄우는 '부유식'의 2가지 방식이 존재합니다. 이미 소규모 단위로 해상 풍력 실증 시험이 진행되어왔으며, 2021년 하반기부터 본격적인 개발이 시작될 전망입니다.

다만 풍력 발전의 핵심이라고 할 수 있는 풍력 터빈을 직접 제조하는 기업은 일본에는 없습니다. 유럽과 미국의 기업에 비해 뒤처졌기 때문입니다. 그러나 운영 노하우를 보유한 기업은 적지 않습니다. 몇 가지 사례를 소개하겠습니다.

레노바(9519)
재생에너지 벤처기업

현재는 태양광 및 바이오매스 발전으로 수익을 창출하고 있지만, 상장 초기부터 해상 풍력 발전에 주력해왔습니다. 아키타현 유리혼조시 앞바다에서 실시된 공모에도 이미 응모를 마쳤습니다. 이 지역에서는 2017년 지자체와 협력 협약을 체결한 후 환경영향평가 등을 체계적으로 진행 중입니다. 현재도 안정적인 수익을 창출하고 있으며, 해상 풍력 발전 설비가 완공되면 사업 규모는 한층 더 확대될 전망입니다.

SEP형 다목적 기중기선으로 시장 선도

고요건설은 가시마건설 등 일본 주요 건설사들과 함께 10~12메가와트급 고정식 해상 풍력 발전 시설의 기초 및 풍력 터빈 건설을 위해, 1,600t급 크레인을 탑재한 SEP(Self-Elevating Platform : 자기승강식 작업대)형 다목적 기중기선(SEP선)을 공동으로 건조하겠다고 발표했습니다.

SEP선이란, 풍력 터빈을 분해해 선박으로 운송한 후, 해상 풍력 발전 시설 건설 현장에 도착한 선체가 스스로 잭업[9]해서 풍력 터빈 설치 등을 수행하는 선박을 말합니다. 기상 조건이 까

SEP형 다목적 증기선 'CP-800'

출처 : 고요건설

---

9) 잭업(jack up) : 선박의 다리를 해저에 고정시켜 선체를 해수면 위로 들어 올리는 작업이다.

다로운 해역에서도 안전성과 정밀도가 높은 크레인 작업이 가능합니다. 총투자액은 185억 엔이며, 2023년 3월 가동을 목표로 삼고 있습니다.

고요건설과 가시마건설은 각각 기타큐슈의 히비키나다 및 치바현 쵸시 앞바다에서 실증기 설계, 시공을 담당하는 등 고정식 해상 풍력 발전 시설의 계획, 설계, 시공에 관한 노하우를 보유하고 있습니다. 특히 고요건설은 국내 최초로 800t급 크레인을 탑재한 SEP선 'CP-800'을 보유하고 있으며, SEP선 건조 노하우와 시공 실적을 꾸준히 쌓아가고 있습니다.

히타치 조선(7004)
과거 조선기술의 재조명

이 회사는 히타치 그룹에 속해 있지도 않고 조선 회사도 아닙니다. 그러나 과거 조선업에서 축적한 노하우는 해상 풍력 발전 설비 등 해양 구조물에 활용될 수 있습니다(부유식 해상구조물은 등록상 '선박'으로 분류됩니다). 히타치 조선은 고정식과 부유식 양쪽 모두 다양한 기술을 보유하고 있으며, 환경영향평가나 연안 지역 주민과의 조정 등에도 풍부한 노하우를 갖추고 있습니다.

고정식으로는 '석션 버킷(Suction Bucket)' 방식에 주력하고 있습니다. 일반적으로 풍력 터빈을 세울 때는 바닷속 깊은 곳에 말뚝을 박는 '모노파일(Monopile)' 방식을 사용하는데, 이 경우 지하 약 40m 정도에 매입(埋入)해야 합니다. 석션 버킷은 양동이를 뒤집어놓은 듯한 형태로, 설치 후 내부의 해수를 빼내는 방식으로 버킷을 압착시킵니다. 철거 시에는 다시 해수를 채워 넣으면 쉽게 분리됩니다. 모노파일 방식은 말뚝을 중간에서 절단하고 남은 말뚝은 해저에 방치하기 때문에 환경에 부담을 줍니다.

부유식의 경우, '바지선형' 부유식이라고 불리는 단순한 부양 방식에 주력하고 있습니다. 기타큐슈에서는 NEDO의 차세대 부유식 해상 풍력 발전 시스템으로 실증 연구를 진행 중입니다.

NTN(6472)

풍력 발전용 베어링의 높은 장래성

NTN은 베어링업계의 대표 기업 중 하나로, 자동차 타이어 회전을 지탱하는 허브 베어링 분야에서는 세계 시장 점유율 1위를 자랑합니다. 최근에는 이 기술력을 바탕으로 풍력 발전용 터빈에 사용되는 베어링의 가능성이 주목받고 있습니다. **베어링이란 축을 지지하고 물체의 회전을 돕는 부품을 말합니다.**

풍력 발전 장치 중 대형 설비는 높이가 100m 이상, 건물로 치면 20층 높이에 해당됩니다. 회사 측에 따르면, 풍력 터빈을 원활히 회전시키기 위해 사용되는 베어링은

출처 : NTN

지름 2m 이상, 무게는 약 2t에 달한다고 합니다. 풍력 발전 장치의 날개와 발전기는 바람을 효과적으로 받기 위해 높은 위치에 설치되기 때문에 강도와 내구성이 매우 중요합니다. 구체적으로 살펴보면, 바람을 받아 회전하는 블레이드(날개) 옆에 나셀(Nacelle)이라는 용기가 있고, 그 안에 블레이드의 회전을 전달하는 '주축', 발전을 위해 회전속도를 높이는 '증속기', 풍향에 맞춰 방향을 조정하는 '요 구동장치(Yaw Drive)'가 탑재되어 있습니다. 이 모든 장치에는 베어링이 필수적으로 사용됩니다. 특히 NTN은 주축용 베어링의 '롤러'를 좌우 비대칭 구조로 설계해 수명을 기존 제품 대비 약 2.5배 늘린 신형 베어링을 개발, 현재 전 세계 풍력 발전 장치에 널리 사용되고 있습니다.

ETS 홀딩스(1789)[10]
송전선 공사 기술로 기여

이 회사는 태양광 발전, 육상 풍력 발전 등 재생에너지로 생산된 전력을 각 전력회사의 송전선 철탑 망에 초고압으로 연계할 수 있는 자체 송전선 공사 시공 능력이 있습니다. 향후 해상 풍력 발전소에서도 이 회사의 기술력이 활용될 것으로 예상됩니다. 해상 풍력 발전소 건설에는 육상 설비 외에도 해저 송전 케이블, 해상 변전소, 항만 설비 등 다양한 인프라가 필요합니다. ETS 홀딩스는 송전선 및 초고압 변전 공사 분야에서의 높은 기술력을 바탕으로 이러한 인프라 구축에 기여하고 있습니다.

---

10) ETS 홀딩스(1789)는 상장 폐지되었고, ETS 그룹(253A)으로 변경되었습니다(2026년 2월 기준). - 편집자 주

'해상 풍력 발전' 관련 종목

후루카와 전기공업(5801)
해상 풍력 발전용 송전선 강화

스미토모 전기공업(5802)
전선업계 1위. 해상 풍력 발전용 전선 분야로도 사업 확대

보도에 따르면, 경제산업성은 해상 풍력 발전에서 송전선을 해저에 설치하는 방안을 검토 중이라고 합니다. 육상에 비해 저비용으로 알려진 해저 케이블을 활용해 재생에너지 발전 과제로 지적되어온 송전망 확충을 추진할 계획으로 보입니다. 또한 경제산업성과 국토교통성이 2020년 7월 발표한 내용에 따르면, 2021~2030년까지 전국 30개소에서 해상 풍력 발전 설비 구축을 추진할 계획이라고 합니다.

재생에너지 분야에서는 해상 풍력 발전 외에도 이미 태양광 발전이 일정 수준 보급되어 있으며, 바이오매스 발전도 일부에서 실용화 단계에 들어섰습니다. 이러한 에너지원들은 '온실가스 실질 제로 목표'라는 거대한 과제의 한 축을 담당하게 될 것입니다. 정부는 해상 풍력 발전을 통해 원자력 발전소 45기분에 해당하는 전력을 확보할 방침이며, 화산 지형이 많은 일본의 특성상 지열 발전 등도 향후 재평가될 가능성이 있습니다. 참고로 또 다른 재생에너지로는 수소와 암모니아를 꼽을 수 있습니다. 이에 대해서는 투자 테마 ②에서 자세히 다루도록 하겠습니다.

EV(전기 자동차)와 FCV(연료 전지차)

앞서 살펴본 '온실가스 실질 제로 목표'에는 이를 실현하기 위한 다양한 기술과 지혜가 담겨 있습니다. 재생에너지도 그중 하나이며, 이 장에서 다룰 EV와 FCV 또한 마찬가지입니다.

EV(Electric Vehicle), 즉 전기 자동차는 엔진이라는 내연기관이 없고, 배터리(전지)와 모터를 동력원으로 사용합니다. EV와 관련해서는 테슬라 모터스를 비롯한 여러 제조사들이 이미 실용적인 제품을 시장에 선보이고 있습니다. '전기 자동차=테슬라'라는 이미지가 강하지만, 사실 EV 분야에서 양산화를 가장 먼저 시작한 것은 일본입니다. 그 대표적인 사례가 바로 미쓰비시 자동차 공업의 '아이 미브(i-MiEV)'입니다.

한편 **FCV(Fuel Cell Vehicle : 연료 전지차)**는 연로전지 내에서 수소와 산소의 화학반응을 통해 발생한 전기 에너지로 모터를 구동하는 자동차입니다. 배출되는 것은 물뿐이기 때문에 **'궁극의 친환경차'**로 불리기도 합니다.

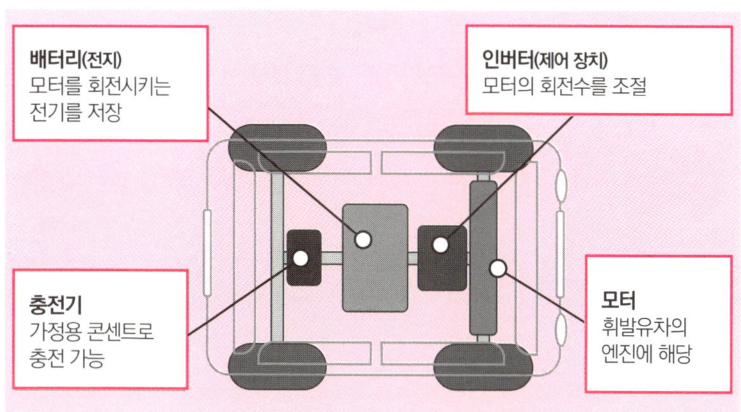

전기 자동차의 구조

출처 : 메이덴샤

전동차의 특징

	EV (전기 자동차)	HV (하이브리드차)	PHV (플러그인 하이브리드차)	FCV (연료 전지차)
동력	전기 모터	엔진을 전기 모터로 보조	엔진을 전기 모터로 보조	전기모터
장점	휘발유를 사용하지 않아 유지비가 저렴. 이산화탄소 배출 제로	모터 주행 시 휘발유를 소모하지 않아 연비가 좋음.	가정에서 충전 가능. HV보다 유지비 저렴	수소 연료전지 탑재, 이산화탄소 배출 제로
단점	주행거리가 짧고 충전에 시간 소요	주행 시 이산화탄소 배출. 일부 국가에서는 규제 대상	주행 시 이산화탄소 배출	수소 충전소 보급 필수, 차량 가격 높음
대표차종	리프 (닛산)	프리우스 (토요타)	프리우스 (토요타)	미라이 (토요타)

유럽연합(EU)은 2021년부터 자동차 연비 규제를 강화했습니다. 유럽에서는 제조사가 판매하는 차량의 평균 이산화탄소(CO_2) 배출량을 1km당 95g 이하로 억제해야 하며, 이를 초과할 경우 고액의 벌금이 부과됩니다. 네덜란드와 영국은 2030년까지 내연기관차 퇴출을 목표로 삼고 있으며, 미국 캘리포니아주 역시 2035년까지 휘발유 차량 판매를 금지할 방침입니다. 중국과 일본도 친환경차로 전환을 서두르고 있습니다.

EV의 성능은 '리튬이온 배터리'의 품질로 결정된다

이처럼 환경을 중시하는 시대적 흐름 속에서 EV 관련 기술이 주목받고 있지만, 세계 시장에서 일본 기업들이 직면한 현실은 녹록지 않습니다. 한때 일본이 강세를 보였던 EV용 리튬이온 2차 전지 부품 분야에서는 최근 중국과 한국 기업들이 빠르게 부상하며, 일본 기업의 존재감이 상대적으로 약해지고 있습니다.

리튬이온 배터리는 양극재(건전지로 치면 +극), 음극재(건전지로 치면 −극), 분리막(절연체), 전해액, 이렇게 4가지 구성요소로 이루어져 있습니다.

이 배터리는 스마트폰에도 사용되지만, 차량에 탑재해 모터를 연결하면 곧 EV의 구동원이 됩니다. 내연기관(엔진)에는 수많은 부품이 필요하지만, EV는 구조가 단순합니다. 그만큼 배터리의 품질이 EV의 성능을 좌우한다는 의미이기도 합니다.

주요 조사기관에 따르면, 리튬이온 배터리를 구성하는 4가지 구성요소는 모두 국가별 점유율에서 중국이 1위를 차지하고 있습니다. 특히 음극재는 무려 77%가 중국산이라고 합니다. 일본은 아직 전 분야에서 2위를 유지하고 있지만, 현재 한국의 추격이 눈에 띄게 가속화되고 있습니다.

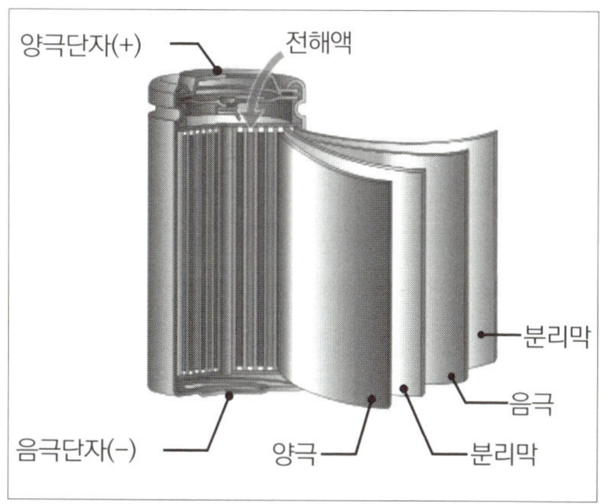

리튬이온 2차전지용 분리막 시장에서 **아사히카세이(3407)**는 2018년까지 점유율 1위를 유지한 것으로 보였으나, 2019년에는 중국의 상하이 에너지에 추월당한 것으로 보도되었습니다. 분리막은 양극과 음극의 접촉을 막으면서 이온을 통과시켜주는 역할을 합니다. 상하이 에너지는 상하이에 위치한 테슬라 공장에 EV용 분리막 공급을 확대했을 뿐만 아니라, 중국 내 현지 제조사들을 대상으로도 강세를 보이며 시장 점유율을 빠르게 끌어올렸습니다. 3위였던 도레이도 한국의 SK 아이 테크놀로지에 추월당해 4위로 밀려났습니다. 시장 규모는 여전히 확대되고 있으며, 아사히카세이의 출하량도 증가하고 있지만, 중국과 한국 제조사의 거센 공세가 전반적으로 더 우세한 상황입니다.

그럼에도 불구하고 일본 기업 중에서는 여전히 강점을 지닌 업체들도 존재합니다. 분리막은 수지 필름으로 만들어집니다. 이 분리막 필름 제조 장비를 생산하는 기업이 바로 **일본제강소(5631)**입니다. 이 회사는 2015년 히타치 플랜트 메카닉스로부터 2축 연신기 사업을 인수하면서, 분리막 필름 제조 장치 분야에서 동시 연신, 축차 연신, 건식, 습식 등 모든 제조 방식에 대응할 수 있는 업계 유일의 제조사로 자리매김했습니다.

주요 조사기관에 따르면, 글로벌 시장 점유율은 약 70%에 달하는 것으로 추정되며, 중국과 한국의 분리막 제조업체들 역시 분리막 필름 제조 장비는 일본 제강소의 제품을 사용하는 것으로 보입니다. 결과적으로, 어느 제조사의 매출이 증가하더라도 일본 제강소는 간접적인 수혜를 입을 가능성이 크고, 높은 수익률도 기대할 수 있습니다. 향후 EV 시장이 더욱 성장하면 이 회사의 실적에도 긍정적인 영향을 미칠 것으로 예상됩니다.

도레이(3402)는 2020년 11월, 리튬이온 배터리용 무공(無孔) 분리막을 개발했다고 발표했습니다. 보통 리튬이온 전지의 음극재로는 흑연이 사용되지만, 금속 리튬을 사용할 경우 저장 용량이 2~3배로 증가하는 장점이 있습니다.

반면 금속 리튬을 사용하는 배터리에는 한 가지 치명적인 단점이 있습니다. 충전 과정에서 음극 표면에 결정이 발생하는 것과 이 결정이 분리막을 뚫고 양극과 쇼트(단락)를 일으켜 배터리의 안정성을 저하시킨다는 점입니다. 이러한 문제로 인해 금속 리튬 배터리는 아직 실용화되지 못했습니다.

그러나 도레이가 개발한 신형 분리막은 표면에 구멍이 없는 층(무공층)을 형성함으로써 결정의 성장을 막을 수 있습니다. 현재 배터리 제조업체들과 공동 개발을 진행 중이며, 보도에 따르면 3~5년 안에 실용화를 목표로 삼고 있다고 합니다. 만약 이 기술을 통해 충전 1회당 주행거리를 비약적으로 향상시킬 수 있다면 일본 기업이 다시 시장 점유율을 되찾을 수 있을 것으로 기대됩니다.

쿠레하(4023)는 리튬이온 배터리용 바인더(결합재) 분야에서 세계적인 경쟁력을 보유하고 있습니다. 리튬이온 배터리에서 바인더의 역할은 '전극 활물질을 접착시키는 것'입니다. 구체적으로는 배터리 음극에서는 활물질인 탄소재와 집전체인 동박을, 양극에서는 금속 산화물과 집전체인 알루미늄박을 결합해 전극 구조를 유지하는 역할을 합니다. 쿠레하는 이 분야에서 약 40%의 세계 시장 점유율 보유하고 있으며, PVDF(폴리비닐리덴 플루오라이드) 수지를 바인더로 공급하고 있습니다. 현재 중국과 한국의 EV 배터리 제조업체들 사이에서 사용이 점차 확산되고 있는 상황입니다.

EV 구동용 모터 분야에서는 **일본전산(6594)**이 글로벌 시장에서도 두각을 나타내고 있습니다. 일본전산은 모터와 기어, 인버터(모터를 제어하는 부품)를 결합한 시스템 제품 'E-Axle(전자 액슬)'을 개발했으며, 뛰어난 성능과 가격 경쟁력을 앞세워 중국 대형 자동차 제조업체에 채택되었습니다.

　2021년 3월 결산기 3분기 실적 발표에 따르면, 7월 기준 거래처 수가 기존 15개 사에서 22개 사로 확대되었고, 모터 수주량은 2025년까지 누적 250만 대, 세계 시장 점유율은 25%에 이를 것으로 전망됩니다. 비록 현재 이 사업 부문은 적자를 기록하고 있지만, 미래 시장 점유율 확보를 위해 중국뿐만 아니라 유럽에서도 양산 체제를 구축할 계획입니다. 유럽 시장 공략을 위해 2,000억 엔 규모의 투자를 추진 중이라는 보도도 있습니다. 다음으로 다른 유력한 기업들도 함께 살펴보도록 하겠습니다.

메이덴샤(6508)
EV 구동용 모터 사업 진출

　메이덴샤는 EV 구동용 모터 사업에 주력하고 있습니다. 2020년 10월에는 고후 메이덴샤에 EV 모터 신공장이 완공되었다고 발표했습니다. 연면적은 약 $3,500m^2$, 연간 생산 능력은 17만 대에 달합니다. 발표 자료에 따르면, '확대되는 EV 시장의 요구에 대응하고 차량용 모터의 핵심 생산 거점으로서 생산 라인을 증설해 사업 규모를 더욱 확대하는 것이 목표'라고 밝혔습니다. 또한 구동용 모터와 인버터, 감속기(기어)를 일체화한 제품을 생산하는 공장을 중국에 신설한 것이라는 보도도 있습니다. 총투자액은 40~50억 엔 규모로, 2022년을 목표로 표준 제품을 중국 시장에 출시할 계획이라고 합니다.

'리튬이온 배터리' 관련 종목

[양극제] 충전 시 리튬이온을 방출하고 방전 시 리튬이온을 흡수해 전극으로 작동

스미토모 금속광산(5713)
중기 계획으로 월간 1만 t 생산체제 구축 예정

일본화학산업(4094)
스미토모 금속광산으로부터 생산 위탁

다나카 화학연구소(4080)
양극재 전문 제조업체

[음극재] 충전 시 리튬이온을 흡수하고 방전 시 리튬이온을 방출해 전극으로 작동

레조낙 홀딩스(구 쇼와덴코)(4004)
음극재 대표업체 히타치 카세이 인수

스미토모 화학(4005)
음극재에 고순도 알루미늄을 사용하는 기술 개발

도카이 카본(5301)
음극재에 사용되는 흑연 분야에 특화

[분리막] 단락=쇼트 방지

아사히카세이(3407)
세계적인 대기업

더블유스코프(6619)
분리막 전문 기업

도레이(3402)
차세대 분리막

일본제강소(5631)
분리막 필름 제조 장비

[전해액(전해질)] 양극과 음극 사이에서 이온을 전달하는 액체

간토 전화공업(4047)
고성능 전해액 제조사

스텔라케미파(4109)
고성능 전해액 제조업체

미쓰이 하이텍(6966)
전동차에 필수적인 모터 코어 분야의 선두주자

미쓰이 하이텍은 정밀 금형 가공 기술에 특화된 전기기기 제조업체로, 반도체 패키지에 사용되는 금속 박판인 리드프레임을 주력 분야 삼아 성장하고 있습니다. **특히 차량용 모터코어 분야에서는 세계 시장 점유율 추정 70%로 압도적인 선두**를 달리고 있습니다. 초기에는 금형 기술을 활용해 세탁기나 냉장고에 사용되는 모터용 코어를 생산했으나, 1996년 토요타 자동차가 하이브리드(HV) 차량 '프리우스'를 출시하면서 미쓰이 하이텍의 모터 코어가 채택되며 자동차용으로 본격 진출하게 되었습니다. 이후 기술력을 발전시키는 동안 플러그인 하이브리드(PHV)가 등장하고 전기 자동차(EV)가 부상했습니다. 당시 HV를 생산하던 기업은 사실상 토요타가 유일했고, 모터 코어를 공급하던 업체도 미쓰이 하이텍뿐이었습니다.

참고로 혼다의 HV 차량에는 **구로다정공(7726)**의 모터 코어가 사용되고 있으며, 모터 코어의 활용 분야는 점차 확대되는 추세입니다. 향후 EV로의 전환이 가속화되고 일본 외 제조사들이 본격적으로 부상하더라도 모터 코어 분야에서는 미쓰이 하이텍의 제품이 채택될 가능성이 큽니다. 또한 그다음 단계로 주목받는 수소연료 전지차(FCV) 분야에서도 토요타가 시장을 선도하고 있으며, 혼다 역시 일부 관련 사업을 진행 중입니다. 미쓰이 하이텍의 기술력은 계속해서 선두를 유지할 것으로 예상됩니다. 2021년 초에는 폴란드에서 양산을 시작했으며, 일본, 북미, 중국, 유럽에 걸친 4대 생산 거점을 구축하며 글로벌 공급 체제도 완성되었습니다. 이런 기반을 바탕으로 모터 코어 사업의 중장기적 성장 가능성도 크게 평가되고 있습니다.

일본 기술의 집약체 '전고체 배터리'

EV 분야에서 일본은 주요국들과 비교해 뒤처진 상황이지만, 일본 제조업체들이 기사회생을 노리는 분야가 바로 '전고체 배터리'입니다. EV의 차세대 핵심 기술로 주목받고 있으며 실용화를 위한 움직임도 본격화되기 시작했습니다. 전고체 배터리는 현재 주류인 리튬이온 배터리의 전해액 대신 고체 전해질을 사용하는 방식입니다. **전해질을 고체화함으로써 발화 등의 위험을 줄이고, 배터리 용량을 나타내는 에너지 밀도가 획기적으로 향상되어 충전 시간도 단축됩니다.**

사실상 현재의 액체 전해액을 사용하는 배터리로 EV를 구동하는 것은 한계가 있습니다. 주행거리는 과거 200km 수준에 비하면 크게 개선되어 현재는 약 400km까지 달릴 수 있지만, 유럽처럼 장거리를 차량으로 이동하는 사회에서는 400km마다 충전해야 하는 번거로움이 큽니다. 무엇보다 배터리가 열화되어 점차 성능이 저하됩니다.

애초에 토요타 자동차가 하이브리드 차량을 개발한 이유는 배터리 문제가 컸기 때문입니다. 배터리에만 의존하는 EV는 주행거리 등 여러 면에서 불안 요소가 남아 있었기 때문에 먼저 하이브리드 방식으로 출발했던 것입니다. 그런데 그사이 테슬라가 급부상하며 세계의 흐름은 하이브리드보다 EV쪽으로 급격히 기울었습니다.

물론 EV도 점차 개선되고는 있지만, 여전히 주행거리나 안전성 문제는 완전히 해결되지 않았습니다. 특히 주행거리가 충분히 개선되지 않아 현시점에도 EV에는 여전히 불안 요소가 남아 있습니다. 토요타 자동차는 EV 분야에서 해외 업체들에 뒤처져 있는 상황입니다. 이 열세를 단숨에 역전시킬 수 있는 비장의 무기가 바로 전고체 배터리입니다.

토요타 자동차는 2020년대 초반을 목표로 전고체 배터리 탑재 차량의 실용화를 추진 중이며, 2021년에는 시제차를 공개하고 성능시험을 본격화할 것이라고 밝혔습니다. 2017년 도쿄

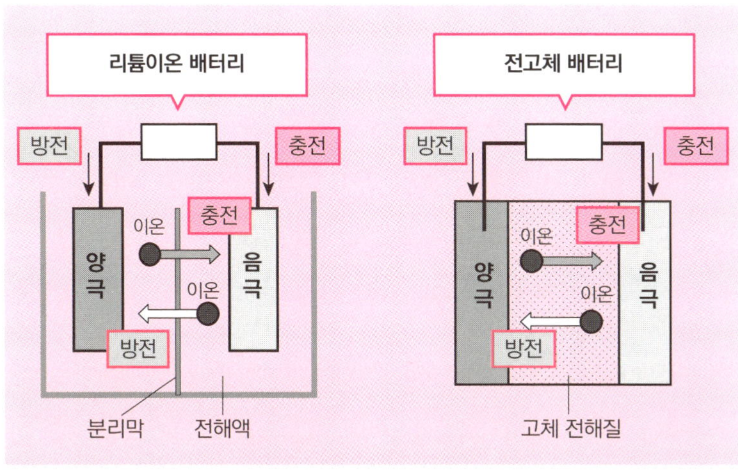

모터쇼에서 당시 토요타의 디디에 르로이(Didier Leroy) 부사장은 "전고체 배터리로 (EV 시장의) 게임 체인저가 되겠다. 보유 특허 수는 최고 수준이며, 2020년대 초반에 실용화할 예정이다"라고 선언한 바 있습니다. 이 발언에 비추어보면 개발은 당초 일정대로 순조롭게 진행되고 있는 것으로 보입니다. 전고체 배터리에는 다음과 같은 특징이 있습니다.

(1) 각 셀을 감싸는 케이스가 필요 없어 직접 겹쳐서 쌓을 수 있다.

(2) 뛰어난 고온 내성으로 냉각 시스템이 불필요하다.

(3) 고전압 환경에서도 사용할 수 있다.

(4) 리튬이온 배터리에 비해 배터리 및 주변 기기를 소형화·대용량화하기 쉽다.

(5) EV 주행거리가 기존 대비 2배로 늘어나며, 충전은 수 분 내에 가능해질 수 있다.

(6) 안전하다.

리튬이온 배터리는 고온(섭씨 70℃ 이상)이나 저온(영하 30℃ 이하) 환경에서는 출력이 저하되는 반면, 전고체 배터리는 출력 저하가 적다는 장점이 있습니다. 또한 액체를 사용하지 않아 단시간에 대용량의 전기를 흘려보내도 리튬이온 배터리처럼 발열·비등(또는 폭발)의 위험이 없습니다. 액체가 누출될 우려도 없고 수명도 크게 길어집니다. 리튬이온 배터리를 사용하는 EV는 중고차 가격이 크게 하락하는 경향이 있는데, 배터리 열화가 바로 그 원인입니다.

전고체 배터리에는 '**황화물계**'와 '**산화물계**'의 2가지 유형이 있습니다. 토요타의 EV용 전고체 배터리에는 황화물계가 사용됩니다. 황화물계는 현재 기준으로 리튬이온 전도율이 월등히 높습니다. 다만 대기 중에 노출될 경우, 맹독성 황화수소가 발생하기 때문에, 이를 철저히 방지하기 위해 배터리 크기가 커지는 단점이 있습니다. 그럼에도 불구하고 실제 차량에 탑재할 경우, 소형 EV에서도 실내 공간을 크게 침해하지 않을 정도의 크기입니다. 리튬이온 배터리에 비해 오히려 훨씬 작습니다.

한편, 산화물계는 화학적으로 안정성이 높고 친환경적이며 소형화가 가능하다는 특징이 있습니다. 그러나 현시점에서는 리튬이온 전도율이 낮아 EV에는 부적합하다는 평가를 받고 있습니다. 이 때문에 산화물계 전고체 배터리는 웨어러블 기기나 IoT가 도입된 공장의 센서 전원 등에 활용될 가능성이 큽니다. 다만 NEDO(신에너지·산업기술종합개발기구)는 2030년 이후에는 차량용 배터리 분야에서도 산화물계가 우위를 점할 것이라는 전망을 내놓고 있습니다.

토요타 자동차(7203)
도쿄 공업대학과 전고체 배터리 개발 성공 발표

보도에 따르면, 토요타는 관련 보유 특허 건수가 1,000건을 넘어 세계 1위를 차지하고 있습니다. 2021년에는 시제차를 공개했으며 양산화를 위한 방안을 모색 중입니다. NEDO와 토요타 등은 2018년 6월 '전고체 리튬이온 배터리 연구 개발 프로젝트' 제2기를 가동했습니다. 이 프로젝트는 2022년까지 진행되며 EV용 조기 실용화를 목표로 하고 있습니다. 이 프로젝트에는 토요타 외에도 **닛산 자동차(7201), 혼다(7267)** 등 완성차 제조업체뿐만 아니라 **무라타 제작소(6981)**, 스미토모 금속광산, 도레이, 미쓰이화학 등 총 23개 사가 참여하고 있습니다.

히타치 조선(7004)
세계 최대급 용량의 전고체 배터리 개발 발표

히타치 조선이 개발한 세계 최대급 용량의 전고체 배터리는 1,000mAh로, 자사의 기존 제품 대비 약 7배 증가한 수치입니다. 이 배터리는 지난 3월 도쿄에서 열린 전시회에서 공개되어 큰 화제를 모았습니다. 섭씨 영하 40℃에서 영상 100℃에 이르는 혹독한 환경에서도 작동하며, EV 외에도 산업용 기계 및 우주 분야에서도 수요가 예상됩니다. 보도에 의하면, 현재 상용화를 위해 협력 기업을 모집 중이라고 합니다.

미쓰이금속(5706)
고체 전해질을 토요타에 공급 예정

전류의 흐름을 좌우하는 '고체 전해질' 생산에 착수할 것이라는 관측입니다. 2021년에는 기업의 시제품 수요에 대응할 수 있는 연간 수십 톤 규모의 생산체제를 갖출 것으로 보도되었으며, 토요타에 공급할 예정입니다.

이데미쓰 고산(5019)
고체 전해질 실증 설비 건설

2020년 2월, 전고체 배터리용 고체 전해질 상업 생산을 위한 실증 설비를 치바 사업소 내에 건설하겠다고 발표, 설비 가동은 2021년도 1분기로 예정되어 있습니다. 이데미쓰 고산은 지금까지 고순도 황화리튬 제조법을 확립했으며, 이를 원료로 하는 황화물계 고체 전해질 개발을 주도해왔습니다. 관련 특허도 다수 보유하고 있으며, 원료 단계부터 일관 생산 체제 구축을 목표로 삼고 있습니다.

산오 공업(6584)
전고체 배터리 벤처에 출자

2018년에 출자한 미국 벤처기업 솔리드파워사와 공동으로 전고체 배터리 연구 개발을 진행 중이고, 차량과 전고체 배터리를 연결하는 케이스에 대한 실험도 진행 중이라는 관측도 있습니다. 솔리드파워사는 2017년 독일 BMW 그룹과 제휴를 맺고 EV용 전고체 배터리 조기 실용화를 목표로 하고 있습니다. 배터리는 황화물계로 추정됩니다.

'전고체 배터리' 관련 종목

산화물계

일본특수도업(5334)

세라믹 제품으로 연마한 기술을 응용해 시트형 고체 전해질을 개발 중입니다. 비소결 산화형이라는 특수한 방식으로 실용화를 목표로 하고 있습니다.

오하라(5218)

2016년에 영하 30℃ 저온에서도 작동하는 전고체 배터리 시제품 제작 및 실증에 성공했습니다. 향후 차량용 시장도 염두에 두고 있습니다. 독자적으로 개발한 유리 세라믹 소재의 첨가제를 사용하고 있습니다.

무라타 제작소(6981)

소니로부터 배터리 부문 인수. 2021년 3월기 안에 양산을 시작할 계획입니다. 전류 용량이 크다는 점이 특징이며, 향후 차량용 개발에도 기대가 모이고 있습니다.

TDK(6762)

전고체 전지 'CeraCharge(세라차지)'를 개발 중입니다. 공장 및 IoT 분야에서도 유망하게 평가받고 있습니다.

FDK(6955)

용량을 기존 대비 3배로 늘린 전고체 배터리를 개발, 2020년에 양산화를 시작했습니다. PC 내장 시계나 IoT센서 등 다양한 용도에서 수요가 있을 것으로 보입니다.

궁극의 친환경차 'FCV'와 '수소'

FCV는 연료전지 내에서 수소와 산소의 화학반응을 통해 생성된 전기에너지로 모터를 구동해 주행하는 자동차입니다. **오직 물만을 배출하기 때문에 궁극의 친환경차로도 불립니다.** 휘발유차(내연기관차)가 주유소에서 연료를 보급하듯이 FCV는 수소충전소에서 수소를 보급합니다. 차량에 발전기가 탑재되어 있어 주행거리가 길다는 점이 특징입니다. 해외에서는 주행거리가 짧은 EV를 대신해 장거리 주행이 필요한 트럭 등에 FCV가 먼저 도입되는 추세입니다.

토요타는 2014년 12월, 세계 최초로 FCV 'MIRAI'를 출시했습니다. 당시 주행거리는 650km, 수소 충전 시간은 약 3분으

연료 전지차(FCV)의 '주행' 원리

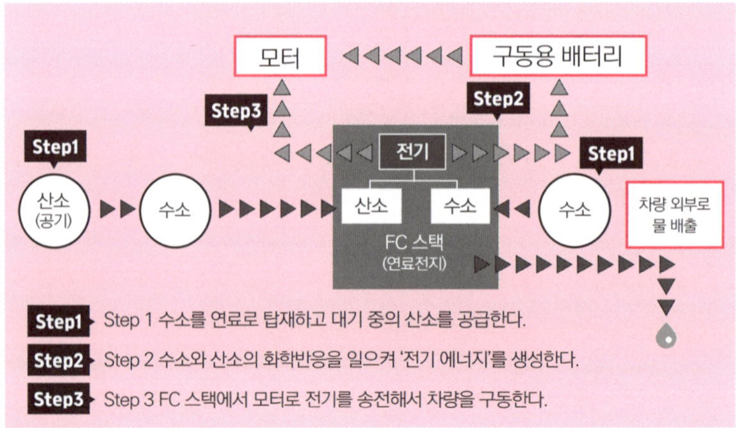

출처 : 캐탈라

로 알려져 있습니다. 2020년 12월에는 2세대 'MIRAI'가 출시되었으며, 주행거리가 850km로 늘어나는 등 성능이 향상되었습니다. 혼다 또한 FCV '클래리티'를 생산·판매하고 있습니다.

수소 충전소 인프라 부족과 높은 가격 등의 문제로 보급 속도는 예상보다 더디게 진행되고 있지만, 상용 FCV의 등장으로 수소 충전소가 확충된다면 향후 승용차 보급도 가속화될 가능성이 있습니다.

이와타니 산업(8088)
수소 사업의 선구자

수소의 가능성에 일찍이 주목, 1941년 수소 판매를 시작으로 수소 제조와 공급망(서플라이 체인) 구축 등 다양한 사업을 전개하고 있습니다. 액화수소 분야에서는 국내 유일의 제조업체이며, 압축수소 분야에서도 국내 최고 점유율을 자랑합니다. 수소는 액화하면 수소가스보다 부피가 800분의 1로 줄어들어 운송 및 저장 효율이 획기적으로 향상됩니다.

2006년에는 오사카부 사카이시에서 합작 회사를 통해 국내 최초의 상업용 액화수소 플랜트를 가동하기 시작했으며, 2009년에는 치바현 이치하라시, 2013년에는 야마구치현 슈난시에도 거점을 개설했습니다. 사카이 플랜트는 최근 생산 능력 증설공사를 완료, 세 플랜트의 총 연간 생산 능력은 1억 2,000만m^3에 달합니다. 전국에 수소 충전망을 구축하는 등 인프라 정비에서도 앞서가고 있으며, 이는 쉽게 운송이 가능한 액화수소 기술이 뒷받침되었기 때문입니다. **진입장벽은 매우 높은 편**입니다.

가와사키 중공업(7012)
수소 액화기 출시

가와사키 중공업은 일본 제조업체로는 최초로 2020년 6월 수소 액화기를 출시했습니다. 이 장치는 3,000시간 이상의 장시간 연속 실증 운전 및 각종 기능시험을 통해 성능과 신뢰성을 입증받았으며, 하루 약 5t, 즉 FCV, 약 1,000대에 공급할 수 있는 액화수소를 제조할 수 있다고 합니다.

차세대 친환경 연료 '암모니아'

앞서 FCV 이야기에서도 언급했듯이, 현재 수소는 화석연료 의존에 따른 지구온난화 문제를 해결하기 위한 차세대 에너지로 주목받고 있습니다. 그러나 **수소에는 압축이나 액화 과정에서 에너지 손실이 크다는 기술적 과제가 존재합니다.** 현재 수소 저장 및 운송 방법으로는 700기압으로 압축하거나, 섭씨 영하 253도로 냉각해서 액화하는 방법이 주로 사용되고 있습니다. 이러한 이유로 수소를 가능한 한 상온·상압에 가까운 조건으로 저장, 운반할 수 있는 수소 캐리어 기술의 필요성이 부각되고 있습니다.

그 해결책 중 하나로 주목받는 것이 바로 **암모니아**입니다. **사와 후지 전기(6901)**의 자료에 따르면 액화 암모니아(시판용 73l 용기

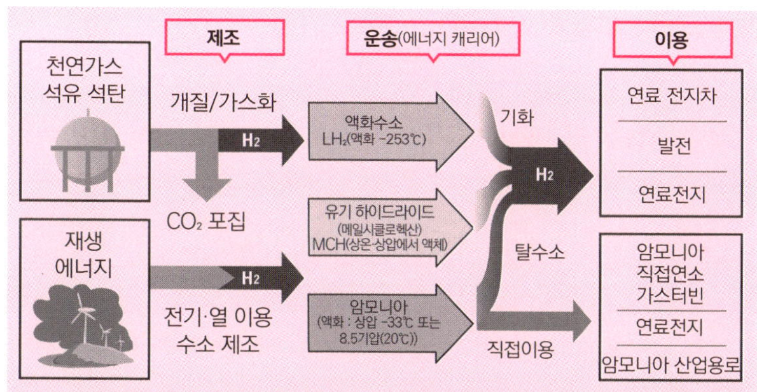

수소는 다양한 에너지원으로부터 제조 가능하며, 연료로도 전기로도 활용할 수 있다(CO₂ 배출 대폭 감축 가능).

수소는 밀도가 낮은 기체이므로 운송과 저장이 어렵다. 수소를 대량으로 운송하는 기술(에너지 캐리어)과 수소를 에너지원으로 활용하는 관련 기술 개발이 중요하다.

※ '에너지 캐리어'란 기체 상태로는 저장이나 장거리 운송 효율이 낮은 수소를 액체 또는 수소 화합물 형태로 만들어 효율적으로 저장, 운반하는 방법을 말한다. MCH는 246페이지 참조.

출처 : 과학기술진흥기구 제공 자료를 바탕으로 작성

기준)에 포함된 수소 가스량은 액화수소의 약 1.7배, 압축수소의 약 3배에 달한다고 합니다. 다만 필요할 때 필요한 양의 수소를 추출하는 기술이 요구됩니다.

214페이지에서도 언급했듯이, 정부의 '탄소중립을 위한 녹색 성장 전략'은 탈탄소 전원의 일환으로 '수소·암모니아 10% 도입'을 목표로 삼고 있습니다. 또한 2030년까지 연간 암모니아 사용량을 300만 t으로 확대한다는 계획을 세우고 있습니다. 현재 암모니아는 주로 비료 등의 용도로 사용되고 있지만, **연소 시**

탄소중립을 실현하기 위해서는 CO_2 배출량이 많은 발전 분야의 감축이 매우 중요합니다. 석탄 화력발전소에서 연료로 암모니아를 20% 혼합(혼소)할 경우, 100만 킬로와트 급 대형 설비 6기 분량, 즉 시코쿠 전력[11] 수준의 발전 용량을 충당할 수 있다고 합니다. 암모니아를 혼합한 만큼 CO_2를 줄일 수 있기 때문입니다. 더욱이 암모니아(NH_3)는 성분 중에 다량의 수소를 포함하고 있어 저장과 운반이 용이합니다. 또한 이미 화학 원료나 비료로 활용되고 있어 운송 인프라도 잘 갖춰져 있습니다.

사와후지 전기(6901)와 기후대학은 2017년 플라즈마와 수소 분리막을 결합한 PMR(플라즈마 멤브레인 리액터)을 개발해, 세계 최초로 암모니아에서 연료전지용 고순도 수소를 추출하는 데 성공했습니다. 이듬해인 2018년에는 PMR의 고출력화에도 성공했다고 발표했습니다. 현재 이 장치는 암모니아에서 99.999%의 고순도 수소 150NL/h(PMR 1개당)를 제조할 수 있다고 합니다. NL/h는 0℃, 1기압 기준 1시간당 발생량을 의미합니다. 장기적으로는 출력을 500NL/h 수준까지 끌어올리는 것을 목표로 삼고 있으며, 향후 수소충전소나 연료전지 발전기 같은 설비에도 응용이 기대됩니다.

---

11) 시코쿠 전력 : 일본 10대 전력회사 중 하나로, 시코쿠 지역의 전력 공급을 담당하고 있다. - 역자 주

또한 사와후지 전기, **기무라 화공기(6378)**, 기후대학은 2019년 세계 최초로 저농도 암모니아로 고순도 수소를 제조하고, 이를 이용해 연료전지 발전에 성공했다고 발표했습니다. 암모니아는 식품, 발전, 반도체 등 다양한 제조업 분야에서 사용되고 있지만, 이러한 공장에서 배출되는 암모니아 함유 배기가스나 폐수는 수질오염 방지법이나 총량 규제 제도에 따라 어떠한 방법으로든 반드시 처리해야 합니다. 현재는 촉매 연소법이나 증기식 증류법으로 처리하고 있으나, 화석연료를 사용하기 때문에 CO_2나 NOx(질소산화물)의 배출을 피할 수 없습니다.

그러나 기무라 화공기의 히트 펌프식 증류법, 사와후지 전기의 PMR 수소 제조 장치(상품명은 H2 Harmony), 그리고 연료전지 발전 시스템을 결합해 저농도 암모니아수에서 고순도 수소를 제조하고 연료전지로 발전하는 데 성공했습니다. 이 방식은 처리 과정에서 소요되는 전력을 자체적으로 충당할 뿐만 아니라 잉여전력도 확보할 수 있습니다. **즉, 탄소중립을 실현하면서 동시에 발전까지 가능한 시스템인 셈입니다.**

IHI(7013)
블루 암모니아 개발 선도

2020년 10월, IHI는 일본 에너지 연구소, 사우디 아람코와 함께 추진해온 '블루 암모니아' 공급망 실증 실험에 성공했다고 발표했습니다. 블루 암모니아는 천연가스로 암모니아를 제조하는 과정에서 발생하는 CO_2를 분리해 EOR(석유증진회수)이나

CCS(CO_2 포집·저장)에 활용합니다. 이러한 방식으로 생산되기 때문에 완전히 친환경적으로 생산되는 '그린 암모니아'와 구분하기 위해 '블루 암모니아'라고 불립니다. 이 블루 암모니아 일부를 2000kW급 가스터빈 연료로 활용하는 혼소(混燒) 실험이 요코하마 사업소에서 시작되었습니다. 천연가스에 암모니아를 50% 혼합해 연소한 시험 결과, 암모니아는 연소 과정에서 이산화탄소를 배출하지 않아 발전 설비의 총 이산화탄소 배출량을 절반 수준으로 줄일 수 있었습니다.

닛키 홀딩스(1963)
가스터빈 발전 성공

2018년 10월, 닛키 홀딩스와 산업기술종합연구소(산총연)는 재생에너지로 물을 전기 분해해 생산한 수소를 연료로 암모니아를 합성하고, 이 암모니아를 다시 원료로 활용한 가스터빈 발전에 세계 최초로 성공했다고 발표했습니다. 이는 제조부터 발전까지 전 과정에서 CO_2를 배출하지 않는 암모니아(CO_2 프리)를 활용한 에너지 체인 구축에 한 걸음 더 다가선 사례로 평가됩니다.

도쿄전력 홀딩스(9501), 주부전력(9502)
출자기업이 암모니아 생산에 착수

두 회사가 출자한 에너지 관련 기업 JERA는 2021년 2월 10일, 말레이시아 국영 석유·천연가스 기업 페트로나스사와 탈탄소 분야 협력에 관한 양해각서를 체결했다고 발표했습니다. JERA

는 CO$_2$를 배출하지 않는 암모니아 생산에 본격 착수할 예정이며, LNG(액화천연가스) 이용 촉진뿐만 아니라 암모니아와 수소 연료 공급망 구축에도 협력할 계획입니다.

페트로나스는 아시아 유수의 암모니아 생산 기업입니다. 생산지와 규모는 향후 구체적으로 조율해나갈 예정입니다. 일본 최대 규모의 화력발전소를 보유한 JERA는 CO$_2$ 감축 대책의 일환으로 암모니아는 물론, 수소도 단계적으로 도입할 방침입니다. 보도에 따르면, 2040년대에는 암모니아만을 연료로 사용하는 발전 설비를 가동할 계획이라고 합니다. 이러한 대기업의 탈탄소 선언은 업계에 큰 반향을 일으켰습니다. JERA는 페트로나스와의 협력을 통해 CO$_2$ 배출을 없애기 위해 재생에너지 기반 전력을 활용한 암모니아 생산에도 착수할 계획입니다.

아지노모토(2802)
암모니아의 지역 생산·지역 소비 지향

아지노모토와 도쿄 공업대학 등이 설립한 츠바메 BHB는 암모니아 생산 사업을 추진하고 있습니다. 한곳에서 대규모로 생산한 뒤 운송·보관하는 대신, 수요지역마다 소형 플랜트를 설치해 분산·생산하는 방식으로 최종 소비지에서 직접 암모니아를 공급합니다. 이런 방식으로 운송 및 보관비용을 절감하고 있습니다. 보도에 따르면, 라오스의 수력발전에서 남는 전력을 활용해 암모니아 생산에도 착수할 예정이라고 합니다.

치요다 화공건설(6366)
수소를 상온·상압에서 저장·운반하는 독자 기술 개발

상온·상압에서 수소를 저장할 수 있는 자사의 독자 기술 SPERA(스페라) 수소가 주목받고 있습니다. 수소는 친환경 에너지로 각광받지만, 앞서 언급했듯 저장과 운반이 어렵다는 문제가 있습니다. 이 회사의 기술은 톨루엔에 수소를 반응시켜 **메틸시클로헥산(MCH, SPERA 수소)**을 생성하고, 이 MCH 상태로 수소를 저장·수송하는 방식입니다. 톨루엔과 MCH는 모두 상온·상압에서 액체 상태를 유지하며, MCH는 수정액의 용제로도 사용되는 비교적 화학적 위험이 낮은 물질로 알려져 있습니다. 이 방식은 수소가스를 약 500분의 1 수준의 부피로 압축해 상온·상압의 액체 형태로 저장 및 운반할 수 있다는 장점이 있습니다.

수소 수송지(수소 활용지)에서는 촉매를 이용한 탈수소 반응을 통해 **MCH에서 수소를 추출해 수소와 톨루엔으로 분리합니다.** 분리된 수소는 고객에게 공급되고 톨루엔은 다시 MCH 생산원료로 재활용됩니다. 현재 이 기술은 일련의 개발을 마치고 실증 실험 단계에 있습니다. 특히 이 실증은 단순한 구상에 그치지 않습니다. 국제적인 수소 운송의 실현 가능성을 확인하기 위해 치요다 화공건설, 미쓰비시 상사, 미쓰이물산, 일본우선 네 기업이 AHEAD(차세대 수소 에너지 체인 기술 연구 조합)을 설립하고, NEDO의 지원을 받아 2015년 세계 최초의 '국제 수소 공급망 실증' 프로젝트를 시작했습니다.

이 프로젝트에서는 브루나이 다루살람에 수소 플랜트를, 가와 사키시 임해부에 탈수소 플랜트를 건설하고, 치요다 화공건설이 개발한 SPERA 수소 기술을 이용해 브루나이에서 조달한 수소를 상온·상압 액체 형태로 일본까지 해상 운송했습니다. 가와사키시 임해부에서는 이 수소를 다시 기체 상태로 변환해 발전 연료로 공급하는 수소 공급망을 구축했습니다. 이로써 세계 최초의 국제 수소 대량 운송 프로젝트는 약 10개월간의 운용을 통해, 100t 이상의 수소를 안전하고 안정적으로 공급할 수 있다는 사실을 성공적으로 입증했습니다. 참고로 톨루엔은 브루나이로 회수되어 재활용되고 있습니다. 이 실증사업은 2020년 12월에 소기의 목적을 달성하고 성공적으로 종료되었습니다.

이후에는 수요 확대에 맞춰 공급망의 규모를 확대하고, 기술 개선과 비용 절감을 통해 2020년대 중반 실용화(준상용화)를 추진할 계획입니다. 일본이 목표로 하는 2050년 탄소중립 실현에도 이 기술이 큰 기여를 할 것으로 기대됩니다. SPERA는 라틴어로 '희망하라'는 뜻입니다. 이 기술은 일본 수소 산업의 희망이자, 장기적으로는 이 회사의 실적을 획기적으로 변화시킬 잠재력을 지닌 기술로 평가받고 있습니다.

'메탄 하이드레이트'는
수소 공급원으로 유망

메탄 하이드레이트는 메탄과 물이 결합해 결정화된 얼음 형태의 물질입니다. 메탄은 수소의 원료로, 불을 붙이면 연소하기 때문에 '불타는 얼음'이라고도 불립니다. 자원이 부족한 일본에서는 바다에서 채취할 수 있는 에너지 자원으로 주목받기도 했습니다. 그러나 일본 정부가 2050년까지 '온실가스 실질 제로'를 목표로 내세우면서 메탄 하이드레이트는 '수소' 생산 자원으로 급속히 관심을 모으고 있습니다. 실제로 과거에는 천연가스 원료로 조사가 진행되었으나, 일본 정부는 2월 검토회에서 이를 수소 및 암모니아(NH_3)의 원료로 활용하는 방안을 언급했다고 합니다. 참고로 메탄의 화학식은 CH_4입니다.

개발사에 따르면 메탄 하이드레이트는 수심 500m 이상의 저온·고압 환경이 유지되는 해저면 아래에 대량으로 분포되어 있습니다. 일본 근해에서 확인된 메탄 하이드레이트는 다음 2가지 유형으로 분류됩니다. 첫째, 수심 약 1,000m의 해저면 아래, 수백 미터 지점의 모래층에 존재하는 '사층형(砂層型)', 둘째, 해저면에서 비교적 얕은 약 100m 범위 안에 '가스 침니(gas chimney) 구조'라고 불리는 덩어리 형태로 존재하는 '표층형(表層型)'입니다.

사층형은 수심 약 1,000m 전후의 해저면 아래, 약 100m 범

위에 걸쳐 연속적인 덩어리 형태로 존재합니다. 사층형은 광범
위하게 분포해 있기 때문에 매장량 자체는 많은 것으로 추정됩
니다. 다만 채굴은 쉽지 않습니다. 석유 채굴의 경우, 석유는 유
체(流體) 상태라는 특성상 채굴 시 한 지점의 압력을 제거하면
자연스럽게 분출됩니다. 극단적으로 비유하자면 빨대 하나만
꽂아도 될 만큼 채굴이 용이합니다.

한편 메탄 하이드레이트는 고체이기 때문에 광범위한 지역에
서 채굴할 수밖에 없습니다. 표층형은 직경 수백 미터, 두께 약
100m의 원반 형태로 한 지점에 집중되어 있습니다. 이 물질은 물
보다 비중이 가벼워 해저면 밖으로 나오면 수면 위로 떠오릅니다.
채취 방법 또한 쉽지 않습니다. 조에쓰 연안의 한 지점에서만 해
도 표층형 메탄 하이드레이트 매장량은 메탄가스로 환산할 경우,
약 6억m^3에 달하는 것으로 보도되었습니다. 표층형 지질구조는
동해 연안을 중심으로 총 1,742개소에 분포되어 있습니다.

2013년 3월, 사층형 메탄 하이드레이트를 대상으로 아쓰미 반
도에서 시마반도 연안에 위치한 제2 아쓰미 해구에서 국가 주도
로 제1회 메탄 하이드레이트 해양 생산 시험이 실시되었습니다.
이 시험을 통해 해양에서는 세계 최초로 메탄 하이드레이트 층
에서 메탄가스를 직접 생산하는 데 성공했습니다.

2017년에는 제2회 생산 실험이 진행되었으며, 2개의 시추공
에서 총 36일간 약 26만m^3의 가스를 생산했습니다. 일본 정부

는 2023년 이후 민간 주도로 상업화 프로젝트를 추진할 계획이며, 이를 위해 지속해서 관련 기술 개발을 이어가고 있습니다.

미쓰이 해양개발(6269)
올해(원서 출간 시점인 2021년 기준) 안에 채굴 실험 착수 예정

미쓰이 해양개발은 부유식 해양 석유·가스 생산 저장 출하 설비(FPSO)를 설계 및 건조하고 있으며, 보도에 따르면, 해저에서 메탄을 채굴하는 기술 개발에도 착수할 예정이라고 합니다.[12] 최근 일본 근해의 비교적 얕은 해저 표층부에 메탄이 매장되어 있는 것으로 확인되었습니다. 미쓰이 해양개발은 FPSO를 통해 축적한 효율적인 해저 석유 흡입 기술을 이용해 메탄 추출에 나설 계획입니다. 현재 일본의 수소 조달은 주로 수입 천연가스에 의존하고 있지만, 이 기술이 순조롭게 개발되면 일본 내 수소 공급 안정화에도 큰 도움이 될 것으로 기대됩니다.

메탄 하이드레이트 $1m^3$에서 약 $160m^3$의 메탄을 추출할 수 있으며, 이 메탄을 분해하면 수소를 생성할 수 있다고 합니다. 미쓰이 해양개발은 타사보다 앞서 2021년에 이미 굴착 시험에 착수했습니다.

---

12) 2022년 10월 20일에 메탄 하이드레이트 관련 육상 굴착 실험을 실행했습니다(2026년 2월 기준). - 편집자 주

석유자원개발(1662)
일본 최초로 메탄 하이드레이트 채취

원유·가스 개발 전문업체입니다. 일본 최초로 메탄 하이드레이트 채취에 성공, 2014년 10월 이 회사의 주도로 11개 민간 기업과 함께 일본 메탄 하이드레이트 조사(JMH)를 설립했습니다. 2015년 4월에는 정부 산하기관으로부터 '메탄 하이드레이트 해양 생산 시험 운영 업무(제2회 메탄 하이드레이트 해양 생산 시험)'를 수주했으며, 2016년 5월부터는 아쓰미 반도에서 시마 반도 연안의 제2 아쓰미 해구에서 조사정, 관측정, 생산정을 포함한 총 5개의 시추공 사전 굴착 작업을 수행했습니다. 이후 2017년 7월부터는 본격적인 가스 생산 실험이 진행되었습니다. 또한 향후 표층형 메탄 하이드레이트 개발에도 참여 방안을 모색 중입니다.

통신량 증대

스가 정권은 디지털화 추진에 박차를 가하고 있습니다. 코로나19 확산으로 재택근무가 보편화되면서 단순히 도장을 받기 위해 출근하는 비효율성이 지적되었고, 의사와 직접 대면하지 않아도 되는 온라인 진료도 허용되기 시작했습니다.

또한 중앙정부 및 지자체의 낙후된 페이퍼리스(Paperless) 전환 수준이 문제로 지적되면서, 정부는 2022년을 목표로 각 부처의 디지털화를 추진하기 위한 '디지털청'을 신설하기로 결정했습니다. 아울러 부처 간의 수직적 행정을 해소하기 위해 디지털화 권한을 디지털청으로 이관해 DX(디지털 트랜스포메이션=디지털 전환을 통한 변혁)를 추진할 계획입니다. 디지털화가 진행되면서 통신량이 비약적으로 증가하고, 고속 통신 규격인 '5G' 보급 확대와도 맞물려 이에 대응할 필요성 역시 점차 커지고 있습니다.

'반도체' 제조를 뒷받침하는
일본의 기술

통신량(트래픽)의 증가로 인해 클라우드 컴퓨팅, 서버 용량 확대, 통신 속도 향상이 가속화되고 있으며, 이를 뒷받침하기 위해서는 '반도체' 성능 향상이 필수적입니다.

현재 **반도체의 용도는 매우 다양합니다.** 컴퓨터와 스마트폰은 물론이고 자동차와 항공기에도 사용되며, 의료용 고해상도 내시경 장비와 각종 수술용 기기 등 최첨단 의료기기 분야에서도 핵심 부품으로 쓰이고 있습니다. 오늘날 세상에 반도체가 들어 있지 않은 제품은 어쩌면 우리가 먹는 음식과 입는 옷 정도일지도 모릅니다.

반도체 실리콘의 용도

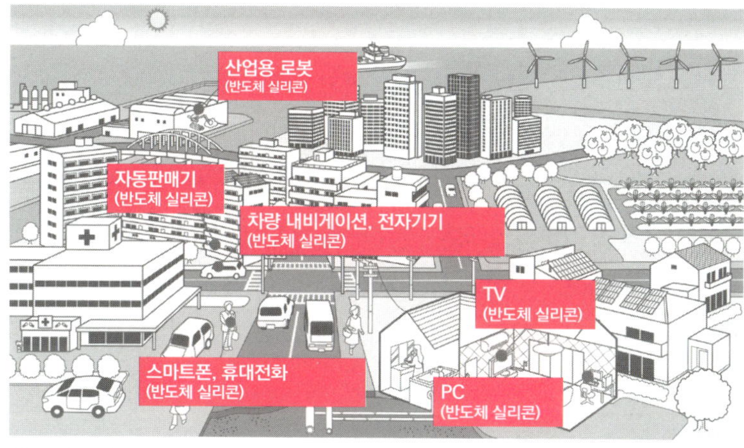

출처 : 신에츠 화학공업

더욱이 앞으로는 IoT와 ICT 기술을 활용한 원격 제어, 재택근무, 원격 교육 등 라이프 스타일의 변화가 가속화되면서 전자기기 수요가 더욱 증가하고, 결과적으로 반도체 수요 확대로도 이어질 것입니다. 1989년으로 거슬러 올라가 보면, 당시 일본의 반도체 세계 시장 점유율은 무려 53%에 달했습니다. 버블 경제와 더불어 일본은 반도체 산업에서도 정점에 올라 있었습니다.

그렇다면 현재 일본의 반도체 시장 점유율은 어느 정도일까요? 놀랍게도 단 6%에 불과합니다. 일본 반도체 산업은 왜 이토록 쇠락하게 되었을까요? 바로 당시 일본 반도체가 지나치게 강했기 때문입니다. 압도적인 경쟁력을 갖춘 일본 반도체는 미·일 무역 마찰의 원인이 되었고, 결국 미국 통상법 301조에 따라 제재 대상으로 지정되었습니다. 이로 인해 보복 관세가 부과되었고, 일본의 반도체 점유율은 크게 축소되고 말았습니다.

반도체 자체는 해외 기업들(미국 인텔, 한국 삼성전자 등)에 주도권을 빼앗긴 상황이며, 일본의 6%라는 점유율은 매우 미미하게 느껴질 수 있습니다. 그러나 반도체 완제품 분야에서는 열세를 보여도, 제조 **장비나 실리콘 웨이퍼 등 반도체 생산에 필수적인 장비와 원재료 분야에서는 일본 기업들이 세계 시장 점유율 1위를 차지하고 있습니다.** 반도체 제조 장비 없이는 반도체 자체를 생산할 수 없으므로 반도체 수요가 증가할수록 일본산 제조 장비와 실리콘 웨이퍼의 판매량 역시 함께 증가하게 됩니다.

이처럼 일본 기업들은 완제품보다는 제조에 필요한 주변 기기나 핵심 재료 분야에서 경쟁력을 발휘하고 있습니다. **반도체처럼 눈에 띄지는 않지만, 실은 꾸준히 수익을 창출하고 있는 것이 바로 일본 기업의 강점**입니다.

다음 페이지에서 반도체 제조 공정을 알기 쉽게 정리한 내용을 소개하겠습니다.

우선 다결정 실리콘을 녹인 뒤 회전시키며 끌어올려서 단결정 잉곳(둥근 막대 형태의 물질)을 만듭니다. 이를 얇게 절단한 것이 바로 실리콘 웨이퍼입니다. 이 원반형 웨이퍼는 다양한 공정을 거쳐 반도체 칩으로 완성됩니다. 실리콘 웨이퍼 분야에서 세계 시장 점유율 1위는 **신에츠 화학공업**, 2위는 **SUMCO**입니다. **도쿄 일렉트론**은 세계 3위의 반도체 제조 장비 기업으로, 에칭(표면가공) 등 반도체 생산의 전(前) 공정 분야에서 강점을 보이고 있습니다.

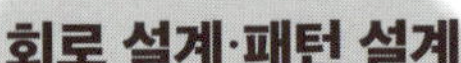

회로 설계·패턴 설계

작은 칩 안에 어떤 회로를 얼마나 효율적으로 배치할 것인지 고려해서 회로도를 작성하고 검토를 거듭합니다.

포토마스크 제작

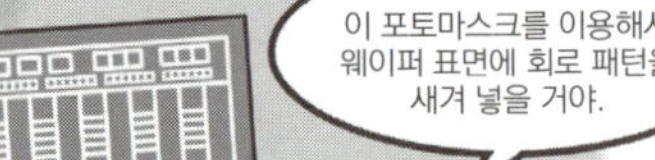

IC 패턴을 웨이퍼에 새기기 위한 유리 네거티브 필름 같은 역할을 합니다. 유리 기판 위에 칩 하나 분량의 패턴을 새겨 넣습니다.

웨이퍼 표면
패턴 형성

포토마스크를 통
새겨 넣은 후 현상

잉곳 끌어 올리기

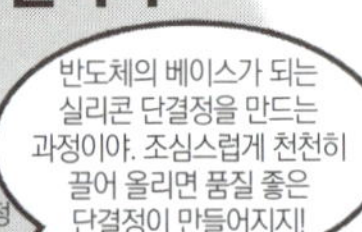

다결정 실리콘을 도핑제와 함께 석영 도가니에 넣고 녹인 휘. 종결정 봉을 회전시키며 서서히 끌어 올려 필요한 굵기의 단결정 봉(잉곳)을 만듭니다.

잉곳 절단

다이아몬드 블레이드로 잉곳을 정해진 두께로 절단해서 웨이퍼를 만듭니다.

포토레지

포토레지스트를 아주 얇고
웨이퍼에 감광성을 부여합

웨이퍼 연마

웨이퍼 표면을 거울처럼 매끈하게 연마합니다.

웨이퍼 산화

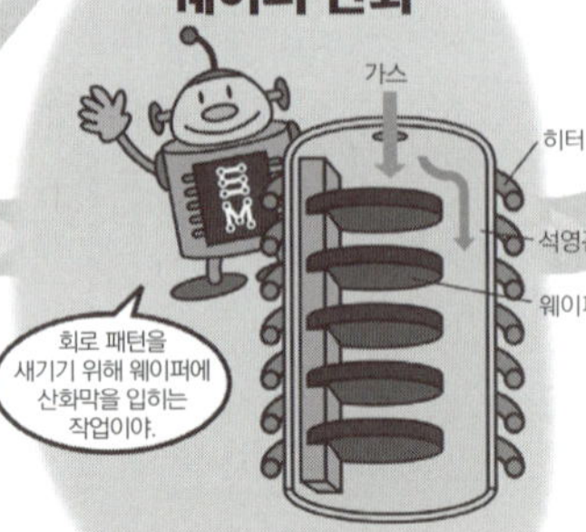

웨이퍼를 고온의 확산로(900℃~1,100℃) 안에서 산화성 분위기에 노출시켜 표면에 산화막을 성장시킵니다.

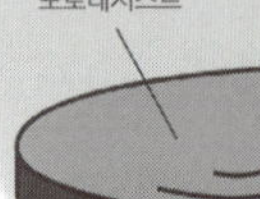

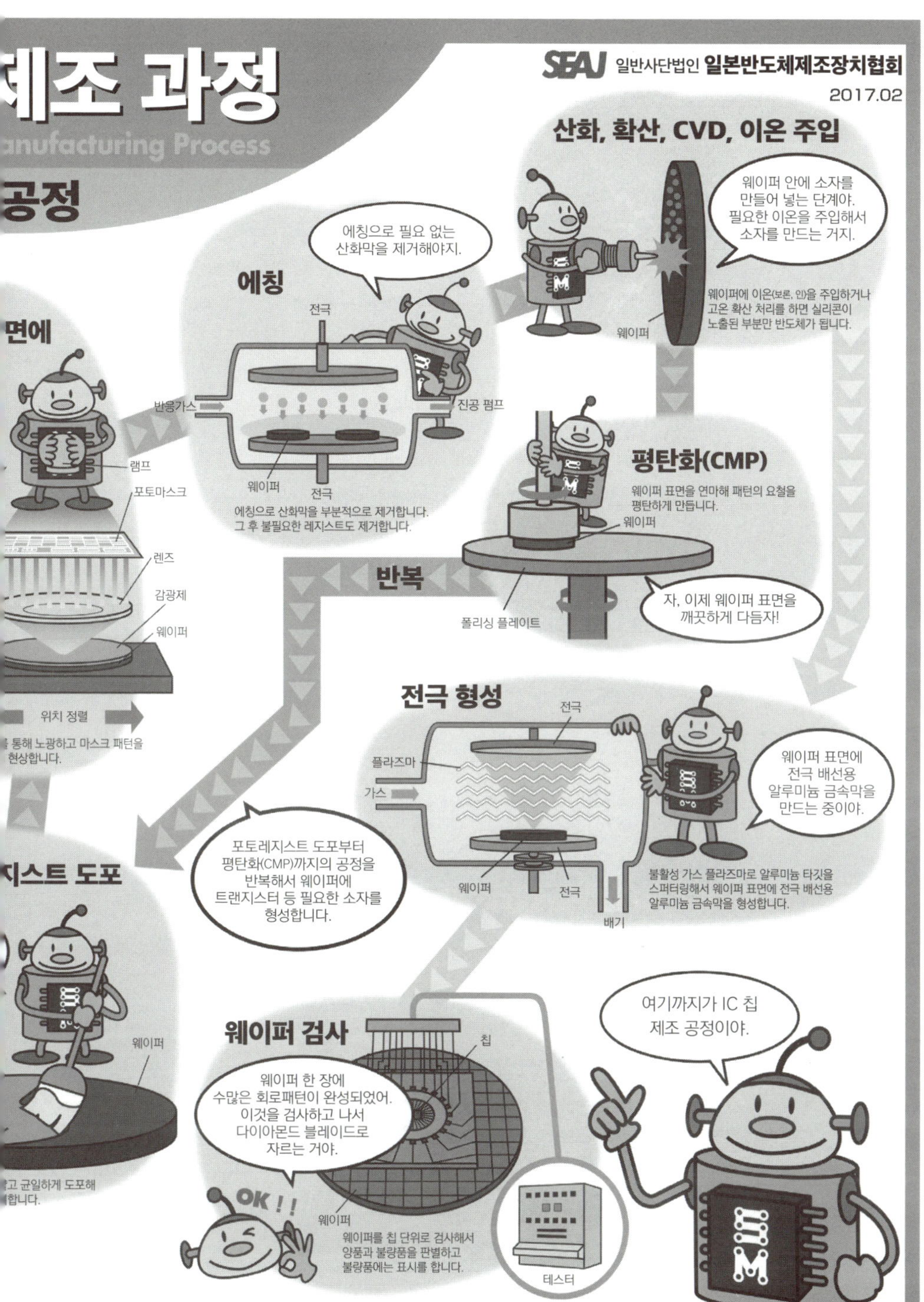
제조 과정
anufacturing Process
공정
면에
SEAJ 일반사단법인 일본반도체제조장치협회
2017.02
산화, 확산, CVD, 이온 주입
웨이퍼 안에 소자를 만들어 넣는 단계야. 필요한 이온을 주입해서 소자를 만드는 거지.
웨이퍼에 이온(보론, 인)을 주입하거나 고온 확산 처리를 하면 실리콘이 노출된 부분만 반도체가 됩니다.
웨이퍼
에칭
에칭으로 필요 없는 산화막을 제거해야지.
전극
반응가스
진공 펌프
웨이퍼
전극
에칭으로 산화막을 부분적으로 제거합니다. 그 후 불필요한 레지스트도 제거합니다.
램프
포토마스크
렌즈
감광제
웨이퍼
위치 정렬
를 통해 노광하고 마스크 패턴을 현상합니다.
평탄화(CMP)
웨이퍼 표면을 연마해 패턴의 요철을 평탄하게 만듭니다.
웨이퍼
자, 이제 웨이퍼 표면을 깨끗하게 다듬자!
폴리싱 플레이트
반복
전극 형성
전극
플라즈마
가스
웨이퍼
전극
배기
웨이퍼 표면에 전극 배선용 알루미늄 금속막을 만드는 중이야.
불활성 가스 플라즈마로 알루미늄 타깃을 스퍼터링해서 웨이퍼 표면에 전극 배선용 알루미늄 금속막을 형성합니다.
포토레지스트 도포부터 평탄화(CMP)까지의 공정을 반복해서 웨이퍼에 트랜지스터 등 필요한 소자를 형성합니다.
지스트 도포
웨이퍼
여기까지가 IC 칩 제조 공정이야.
웨이퍼 검사
칩
웨이퍼 한 장에 수많은 회로패턴이 완성되었어. 이것을 검사하고 나서 다이아몬드 블레이드로 자르는 거야.
OK !!
웨이퍼
웨이퍼를 칩 단위로 검사해서 양품과 불량품을 판별하고 불량품에는 표시를 합니다.
테스터
고 균일하게 도포해 합니다.

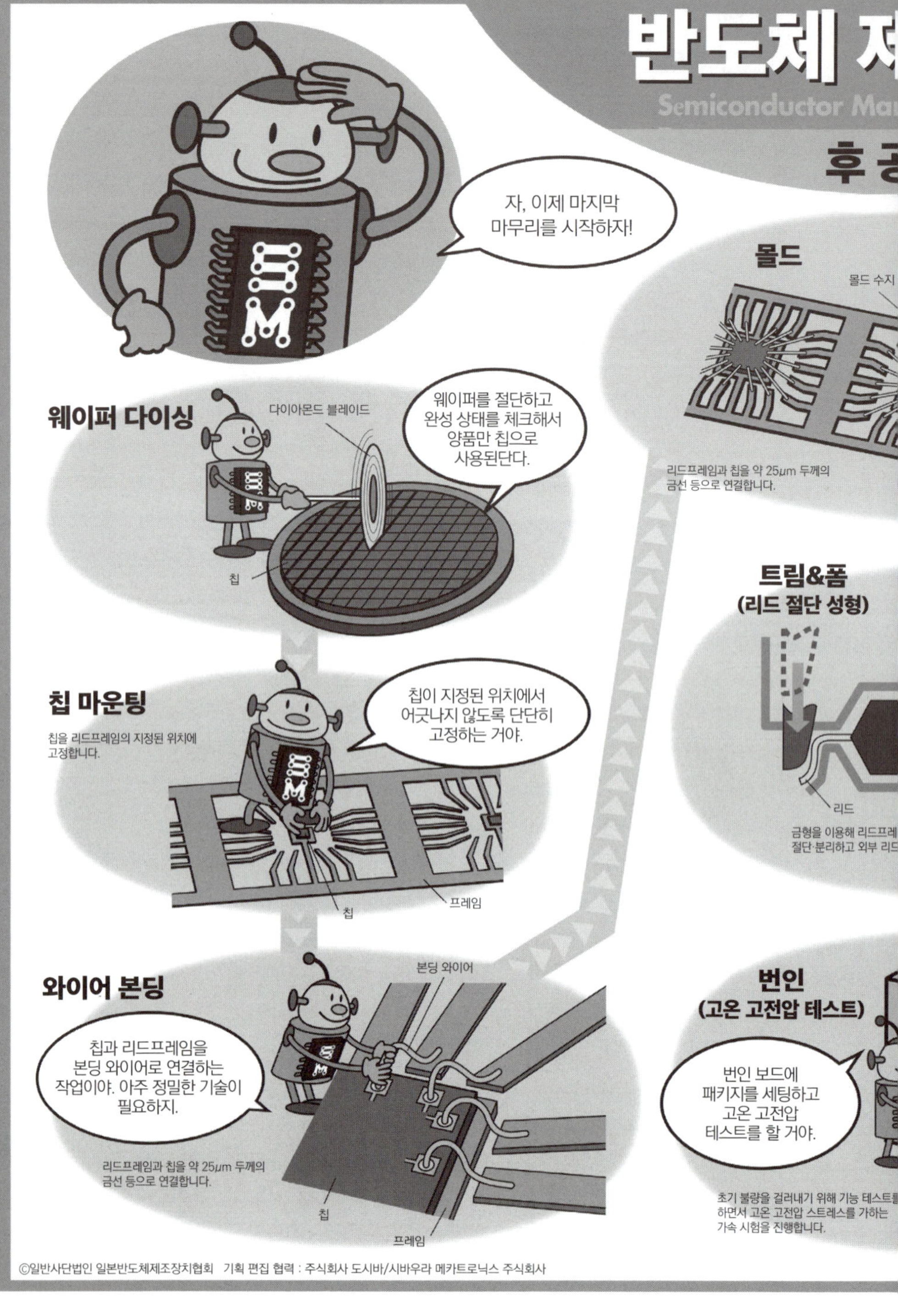

©일반사단법인 일본반도체제조장치협회 기획 편집 협력 : 주식회사 도시바/시바우라 메카트로닉스 주식회사

제조 과정
anufacturing
공정
SEAJ 일반사단법인 일본반도체제조장치협회
2017.02
제품검사·신뢰성 시험
전자적 특성 검사와 외관 구조 검사를
통해 불량품을 걸러냅니다.
자, 이제 최종 검사.
제품이 이상이 없는지
신중하게 체크!
환경시험, 장기 수명 시험 등
신뢰성 시험을 진행합니다.
OK !
제품 검사와 신뢰성 시험을
모두 통과하면 합격이야.
• 제품검사(전기적 특성 검사·외관 검사 등)
• 신뢰성 시험(환경 시험·장기 수명 시험 등)
칩이 긁히거나
충격받지 않도록
세라믹이나 몰드 수지로
감싸서 보호해야지.
마킹
반도체 제품 표면에 레이저로
품명 등을 각인합니다.
반도체에는 레이저로
글자를 새기지.
렌즈
레이저
T0000
이제 제법 반도체다워졌네.
하지만 지금부터
중요한 테스트가 있어.
IC 패키지
프레임에서 개별 반도체 제품을
리드를 정해진 형태로 성형합니다.
반도체 완성
T0000
T0000
T0000
T0000
T0000
T0000
이것으로 완성이야!
우리가 사용하는 컴퓨터나
전자제품에 들어 있는 반도체는
바로 이렇게 만들어지지.
틀
패키지
번인 보드

웨이퍼 세정 장비 분야에서는 SCREEN 홀딩스가, 반도체 절단·연삭·연마 장비 분야에서는 **디스코가 각각 세계 1위를 차지**하고 있습니다. **HOYA** 역시 마스크 블랭크(웨이퍼에 회로를 전사할 때 사용하는 원판) 분야에서 세계 선두를 달리고 있습니다. 다음 페이지에 실린 주요 반도체 관련 기업 표를 보면, **각 공정에서 일본 기업들이 세계 최상위권을 차지하고 있음을 확인할 수 있습니다.**

반도체 성능이 향상되면 설비에 대한 투자 수요도 증가합니다. 일본은 특히 '**미세화**' 분야에서 강점을 보이고 있습니다. 예를 들어, 반도체 선폭이 좁아지면 동일한 크기의 스마트폰 안에 더 많은 부품을 탑재할 수 있어 성능이 향상됩니다. 반대로 성능이 같다면 소형화가 가능해집니다. 현재 주력은 $7nm$며, $5nm$는 올해 안에 양산될 것으로 예상됩니다. $3nm$도 현재 개발이 진행 중입니다. 세계 1위 반도체 노광 장비 제조사인 네덜란드의 ASML은 EUV(극자외선) 기술을 활용해 극도로 미세한 선폭의 노광 장비 개발에 유일하게 성공했습니다. 기존에는 $10nm$가 한계로 여겨졌으나, EUV 노광 기술을 활용하면 $3nm$는 물론, $2nm$ 수준까지도 미세화가 가능하다고 합니다.

EUV 노광용 검사 장비 분야에서는 **레이저텍**이 점유율 100%로 독점적인 위치를 차지하고 있으며, 이로 인해 실적도 급격하게 성장하고 있습니다. 또한 세계 3위 반도체 제조 장비업체인 **도쿄 일렉트론**도 EUV 노광용 코터·디벨로퍼(도포 및 현상 장비) 분야에서 점유율 100%를 자랑합니다.

신에츠 화학공업(4063)

반도체 실리콘 웨이퍼 분야 세계 1위. 포토레지스트와 마스크 블랭크 분야에서도 선두 그룹

SUMCO(3436)

반도체 실리콘 웨이퍼 전문 기업. 신에츠 화학공업과 함께 세계 양대 산맥. 직경 300㎜의 최첨단 웨이퍼 분야에서 강세

도쿄 일렉트론(8035)

반도체 제조 장비 분야에서 세계 3위. 에칭(표면가공), 코터·비벨로퍼(도포 현상 장비) 등 전 공정 분야에서 강세

디스코(6146)

반도체 웨이퍼 절단(절단 장비), 연삭(연삭 장비), 연마(연마 장비) 분야 세계 제1위. 소모품인 연마석으로도 수익을 얻고 있음.

SCREEN 홀딩스(7735)

웨이퍼 세정 잔비 분야의 세계 선도업체. 한 장씩 정밀하게 세정하는 '매엽식' 방식이 강점. 코터·디벨로퍼 장비도 제조

ULVAC(6728)

로직(연산용) 반도체 분야에서 EUV를 활용한 미세화 공정의 하나인 메탈 하드 마스크(절연막 가공용 마스크) 공정에 신규 진입

[기타]

도요 합성공업(4970)

반도체 포토레지스트용 감광성 재료 제조. EUV용 감광재에 주력 중

오사카 유기화학공업(4187)

반도체용 모노머(단량체) 분야 1위. EUV 모노머 제품 매출이 꾸준히 증가 중

JSR(4185)

반도체 포토레지스트(감광성 수지) 개발·공급

트리케미컬 연구소(4369)

반도체 미세화 공정에 사용되는 박막 'High-k 재료' 수요 증가

일본 마이크로닉스(6871)

웨이퍼 단계 검사에 사용되는 측정 장비 '프로브 카드' 분야의 세계 선두업체

'반도체 제조 장비' 종목 2

동경정밀(7729)

초정밀 위치 제어 기술을 기반으로 반도체 제조 장비 분야에 진출. 웨이퍼 검사 장비 분야 세계 시장 점유율 1위

레이저테크(6920)

마스크 블랭크 결함 검사 장비에서 시장 점유율 100%. 미세화에 필요한 EUV(극자외선) 노광용 검사 장비 분야는 사실상 독점

HOYA(7741)

마스크 블랭크(웨이퍼에 회로를 전사할 때 사용하는 원판) 분야 세계 1위. EUV 노광용 제품 개발에서도 앞서 나가고 있음.

도쿄오카공업(4186)

웨이퍼 위에 반도체 회로 패턴을 형성하는 포토레지스트 분야에서 세계 선두권. EUV 노광용 레지스트 점유율이 높음.

어드반테스트(6857)

반도체 검사장비 분야 세계 선두급. 메모리 반도체용 분야 1위. 5G용 테스터 분야에서도 선도 중

각 분야로 확산되는 '5G'

5G는 '고속·대용량', '저지연', '다수 동시 접속' 기능을 갖춘 최첨단 고속 통신 규격입니다. 현재 상용화가 진행되어 최신 스마트폰 가운데에는 5G를 지원하는 기기도 출시되고 있습니다. 일본에서는 2020년 3월부터 도시 지역을 중심으로 서비스가 시작되었고, 적용 범위도 점차 확대되고 있습니다. 통신 속도는 4G의 최대 100배라고도 합니다. 5G는 4G를 비롯한 종전의 통신방식과는 근본적으로 다릅니다. 2G~4G는 기본적으로 휴대전화나 스마트폰을 위한 규격이었습니다.

5G는 스마트폰을 넘어 다양한 통신 분야의 발전에 기여하고 있습니다. 2020년 7월, 통신 국제 표준화 단체가 5G의 광범위한 활용을 위한 규격 표준화 작업을 완료했습니다. 이로 인해 시작될 대표적인 활용 예는 **자율주행 기술**입니다. 차량 주변에 센서를 빈틈없이 배치하고 5G로 데이터를 전송하면, 장애물을 즉시 인식하고 회피하는 것이 가능해집니다. 또한 **FA공장**에서는

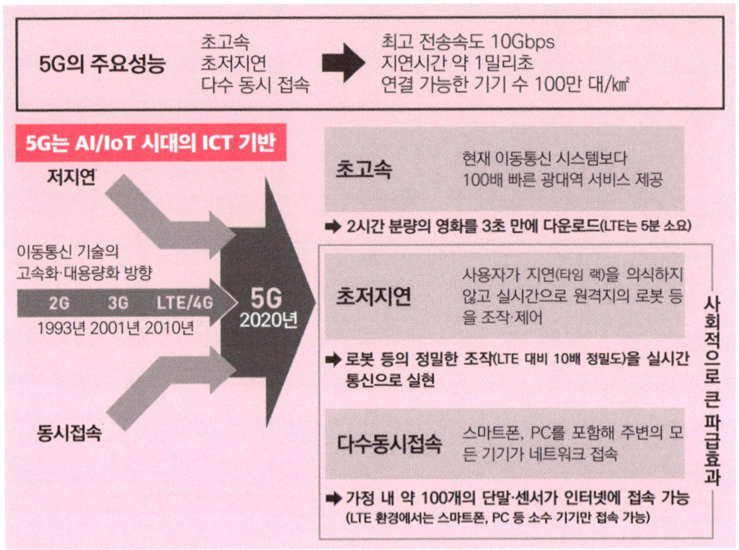

출처 : 총무성 자료를 토대로 작성

5G 센서를 통해 작업용 로봇의 움직임을 실시간으로 모니터링할 수도 있습니다.

일본의 총무성은 5G 기지국의 전국 확산을 대폭 앞당기고, 기지국 수 또한 당초 계획의 3배로 확대하기로 결정했습니다. 주요 5G 관련 종목은 265페이지 표에 정리되어 있습니다. 참고로 **안리쓰**는 5G용 **통신 계측 장비 분야**에서 미국의 키사이트 테크놀로지사와 선두를 다투고 있습니다.

2020년 7월에는 5G를 스마트폰 외의 다양한 분야로 확대 적용하는 국제규격이 결정되었습니다. 자율주행, IoT를 활용한 공장 자동화, 올림픽 등에서 고속 영상 전송 등은 이제부터 본격적인 시작이라고 할 수 있습니다. 자동차 분야나 지역 제한형 '로컬 5G' 관련 수주도 2022년 3월 기부터 본격적으로 유입될 것으로 예상됩니다.

또한 스마트폰과 자동차의 5G 도입 확대에 따라 고성능 적층 세라믹 콘덴서의 수요도 비약적으로 증가할 전망입니다. 이 분야의 세계 점유율 1위 기업은 **무라타 제작소**입니다.

'5G' 관련 종목

안리쓰(6754)

통신용 계측기 분야의 주요 제조업체. 5G 분야에서는 미국 키사이트 테크놀로지사와 세계적으로 양강 체제 형성

소니(6758)

CMOS 센서 분야에서 세계 1위. 자율주행이나 FA(공장 자동화) 등 5G 분야에서 수요 확대

무라타 제작소(6981)

통신 등에 사용되는 세라믹 콘덴서 분야 세계 1위. 5G용 세라믹 필터나 밀리미터파 대응 안테나 일체형 모듈 공급업체로서도 가장 유력

알티자 네트웍스(6778)

5G 분야에서 통신 테스트 제품과 네트워크 장비, 영상 전송 관련 제품 등을 개발·공급 중

CTC(4739),[13] 넷원 시스템즈(7518)

5G 네트워크 및 통신 장비 수요가 크게 증가 중

---

13) CTC(4739)는 상장 폐지되었습니다(2026년 2월 기준). – 편집자 주

FA

테마3 '통신량 증대'에서도 언급했듯이, 생산성 향상을 위해 필수적인 요소 중 하나는 **공장 자동화(FA : Factory Automation)**입니다. FA란 컴퓨터 제어 기술과 센서 기술을 이용해 공장을 자동화하는 것을 의미합니다. 인구 감소 등으로 인해 생산성을 높이는 방안을 고민하는 가운데, "그렇다면 사람 대신 기계가 제품을 만들고 검사까지 수행하게 하자"라는 발상에서 FA가 주목받게 되었습니다. 근무 방식 개혁을 통해 잔업을 줄이기 위해서도 FA는 매우 효과적인 수단입니다.

최근 몇 년 사이, 신종 코로나바이러스의 영향으로 FA에 대한 관심이 더욱 높아지고 있습니다. 공정 대부분을 FA로 자동화하면 공장 내 감염 위험을 최소화할 수 있기 때문입니다. FA는 본래 자동차 제조 공장에서 사용되기 시작했으나, 현재는 다양한 분야로 확산되고 있습니다.

출처 : 야스카와 전기

　예를 들어, 비행기 탑승 시 수하물을 맡기는 과정에도 이러한 기술이 적용됩니다. 공항 카운터에서 기내에 반입할 수 없는 짐을 접수하면 가방 손잡이에 태그가 부착되고, 이 짐이 컨베이어 벨트를 따라 이동하는 동안 카메라가 태그를 지속적으로 인식해 승객이 탑승할 비행기의 수하물 칸까지 정확하게 운반하는 방식입니다. 이러한 시스템을 갖춘 공항도 점점 늘고 있습니다.

　이 분야에서도 일본 기업들은 세계 시장에서 강한 존재감을 보이고 있습니다. 화낙은 NC(수치 제어) 분야에서 세계 1위 기업입니다. 과거에는 사람이 레버를 이용해 수동으로 조작하고 감각에 의존해 공작기계를 운용했지만, 현재는 수치 정보를 기반으로 명령·제어함으로써 기계를 완전 자동으로 작동시킬 수 있습니다.

공장 생산 공정에 사용되는 로봇 분야에서는 **야스카와 전기**가 누적 출하 기준으로 세계 시장 점유율 최상위권을 유지하고 있습니다. 야스카와는 고정밀 위치 제어에 사용되는 **AC 서보 모터와 제어용 인버터** 분야에서도 세계 최고 수준의 점유율을 자랑합니다. 로봇의 관절 역할을 하는 정밀 감속기 분야에서는 나브테스코가 세계 1위를 차지하고 있습니다.

5G가 공장에 도입되면 24시간 동시 다수 접속은 물론, 고속·대용량 센서를 공장 전반에 설치하는 것도 가능해집니다. 이를 통해 로봇의 작동 상태를 실시간으로 모니터링하거나 심야 시간대에 완성된 제품을 검사하는 등, 다양한 작업이 가능해질 전망입니다. 95페이지에서 다룬 **키엔스** 센서 역시 앞으로 더욱 큰 활약이 기대됩니다.

다이후쿠(6383)
마테리얼 핸들링 분야 세계 1위

마테리얼 핸들링(Material Handling) 분야에서 세계 1위 기업입니다. 마테리얼 핸들링이란 생산 거점 또는 물류 거점 내에서 원자재, 반제품, 완제품을 이동·처리하는 전반적인 솔루션을 의미합니다. 본래 자동차 생산 라인에서 제조사로부터 효율적인 운영을 요구받아 자동화를 추진한 것이 시초였다고 합니다. 이후 라인 자동화에 관한 노하우를 축적하며 지속적으로 성장해왔습니다.

① 이송 시스템, ② 분류 시스템, ③ 보관 시스템, ④ 창고 관리 시스템
출처 : 다이후쿠

    현재는 반도체 생산 라인용 시스템, 물류용 입체 자동 창고, 공항 수하물 자동 이송 시스템 등 물류 자동화 및 인력 절감 분야에서 폭넓게 사업을 전개하고 있습니다. 매출액의 65%는 해외에서 발생합니다. 글로벌 최적 생산 및 조달 체제 구축을 꾸준히 추진하고 있으며, 현재 세계 26개 국가 및 지역에 진출해 있습니다. 연결 자회사는 국내외를 합쳐 총 53개 사에 달하는 등, 글로벌 네트워크를 통해 전 세계의 인력 절감에 기여하고 있습니다.

    2018년에는 패스트리테일링과 포괄적 제휴를 체결하고 '유니클로' 등 의류 브랜드의 물류 창고 자동화를 추진했습니다. 또한 공항용 시스템 분야에서는 공항 건물 내에 설치된 수하물 이송라인을 비롯해, 자동 수하물 체크인 시스템, 보안 시스템 등 다양한 서비스를 제공하고 있습니다. 최근에는 온라인 쇼핑 등 EC(전자상거래) 시장의 급속한 확대에 따라 EC 사업자 전용 물류 시스템 수요도 빠르게 증가하고 있습니다.

FA(공장 자동화) 관련 종목

키엔스(6861)

FA 센서 분야 대표기업

화낙(6954)

NC(수치 제어) 분야 세계 1위. 로봇 분야도 선두권

SMC(6273)

공압 기기 분야에서 세계적인 선도기업

THK(6481)

직동 시스템 분야에서 세계 시장 점유율 50% 이상

일본 톰슨(6480)

직동 시스템 분야 대표업체

미네베아 미쓰미(6479)

초소형 베어링 분야 세계 1위

나부테스코(6268)

정밀 감속기 분야의 세계적 기업

야스카와 전기(6506)

산업용 로봇 누적 출하량 1위. 제어장치 분야의 선두주자

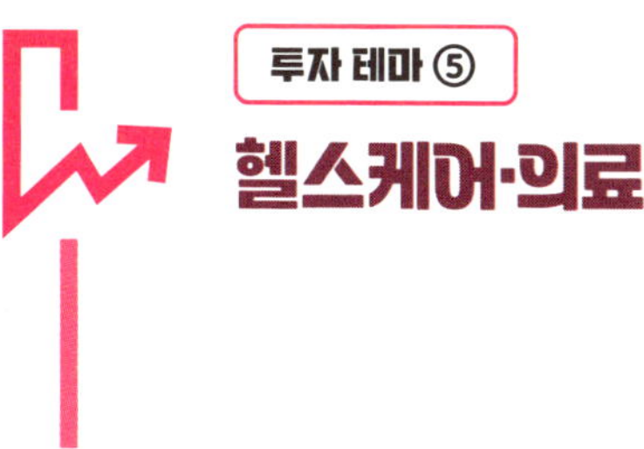

　주식 장기 투자에서 중요한 것은 거시적 흐름을 포착하고, 그 흐름에 자신의 자금을 투자하는 것입니다. 세계적으로는 온실가스 감축을 향한 움직임이 대표적인 사례이며, 일본의 경우 저출산·고령화에 따른 인구 감소가 거스를 수 없는 거대한 흐름이라고 할 수 있습니다.

　흔히 '고령화' 문제는 일본만의 현상으로 생각하기 쉽지만, 사실은 전 세계적인 흐름이라는 점을 알고 계십니까? 유엔 통계에 따르면, 2015년 기준 세계 총인구는 73억 8,301만 명이었으나, 2060년에는 102억 2,260만 명까지 증가할 것으로 전망됩니다. 이 가운데 인도, 나이지리아, 파키스탄, 콩고, 에티오피아, 탄자니아, 인도네시아, 이집트, 미국이 세계 인구 증가를 견인할 주요 국가로 꼽힙니다. 한편 고령화 역시 세계적으로 빠르게 진행되고 있습니다.

구체적인 수치를 살펴봅시다. 마찬가지로 유엔이 발표한 수치에 따르면, 1950년 당시 세계 총인구는 25억 3,627만 5,000명이었으며, 이 중 65세 이상 인구는 1억 2,881만 5,000명이었습니다. 총인구 대비 65세 이상 인구가 차지하는 비율이 5.07%였다는 의미입니다. 이 65세 이상 인구 비율의 추이를 살펴보면 2015년에는 8.3%까지 증가했고, 2060년에는 17.8%에 달할 것으로 예측됩니다. 남녀 모두 평균수명이 연장되는 반면 출산율은 계속 낮아지고 있기 때문입니다. 참고로 세계 합계출산율은 1950년 4.96이었으나 2015년에는 2.52로 감소, 2060년에는 2.17까지 하락할 것으로 전망됩니다.

이처럼 전 세계적으로 65세 이상 인구 비율이 꾸준히 증가하는 추세를 보면, 고령화가 세계적인 메가트렌드로 자리 잡았음을 알 수 있습니다. 고령화가 심화되면서 우리는 미지와 조우하게 될 것입니다. **지구 인류의 약 20%가 고령자인 사회가 어떤 모습일지,** 지금으로서는 누구도 예측할 수 없습니다. 한 가지 분명한 것은 의료 및 헬스케어에 대한 수요가 앞으로 더욱 높아질 것이라는 점입니다.

고령 인구가 늘면 사람들은 다양한 질병에 취약해지고 질병을 극복하기 위한 의료 서비스가 필요해집니다. 더불어 질병 예방과 건강관리를 위해 헬스케어의 필요성도 함께 커집니다. 이러한 노력들은 결국 삶의 질(QOL, Quality of Life)의 향상으로 이어질 것입니다.

수명 연장이 암 발병률을 높이며, 머지않아 2명 중 1명이 암으로 사망하게 될 것이라는 전망도 제기되고 있습니다. 이로 인해 항암제 개발 경쟁은 갈수록 치열해지고 있습니다. 이러한 가운데 일본 제약사들이 존재감을 드러내고 있습니다. 암 면역 치료제 분야에서는 **오노약품공업(4528)의 '옵디보'가 선두를 달리고 있으며, 다이이치산쿄(4568)**는 영국 아스트라제네카와 공동 개발한 '엔허투'의 뛰어난 효능을 바탕으로 위암, 유방암 등으로 적응증을 확대해나가고 있습니다. 이 치료제는 ADC(항체약물 복합체)라고 해서 항체와 약물을 사슬로 결합시켜 암세포를 정밀 타격하는 방식입니다. 이와 유사한 기전의 항암제 'DS-1062'와 'U3-1402'(모두 개발 코드명)도 장래성이 기대됩니다.

타카라바이오(4974)는 현재 차세대 암 면역치료제 'CAR-T'(카티)를 임상시험 중입니다. 이 치료법은 환자의 유전자를 활용해 암세포에 대한 공격력을 강화함으로써 보다 강력한 치료 효과를 이끌어내는 방식입니다. 타카라바이오가 개발한 유전자 도입 기술 '레트로넥틴'은 이미 높은 실적을 보유하고 있으며, 실용화 가능성에도 큰 기대가 모이고 있습니다.

에자이(4523)는 알츠하이머형 치매 치료제 분야에서 선도적인 입지를 다지고 있습니다. 현재 승인 신청 중인 후보물질 '아두카누맙'은 유효성에 의문이 제기되고 있지만, 치료 수요가 막대한 만큼 승인에 대한 기대가 완전히 사라지지는 않았습니다. 이어서 초기 알츠하이머형 치매 치료제 'BAN2401'을 미국 바이오젠과 공동 개발 중이며, 현재 글로벌 임상 최종 시험단계에 들어서 있습니다.

 펩티드드림(4587)은 특수 펩타이드(아미노산이 펩타이드 결합으로 짧은 사슬 형태를 이루는 분자의 총칭)를 활용해 신약 개발을 지원하고 있습니다. 아스트라제네카, 스위스의 노바티스 등 거대제약사들과 제휴하고 있으며, 계약금과 마일스톤(개발 단계별 수익)을 통해 흑자를 기록 중인 바이오벤처입니다. 일반적인 의약품은 저분자 의약품, 인간 항체를 이용한 치료제는 고분자 의약품으로 분류되는데, 양쪽 모두 신약 개발이 점차 어려워지고 있는 상황입니다. 이에 따라 펩티드드림은 특수 펩타이드를 활용한 '중분자'의약품 개발에 주력하고 있으며, 향후 다양한 분야에서 중분자 신약들이 등장할 것으로 기대됩니다.

아사히 인텍(7747)
PTCA 가이드와이어 특화

 의료기기 개발부터 제조, 판매까지 전 과정을 일괄 수행하는 기업으로, 특히 극세 스테인리스 와이어로프를 활용한 제품과 주변 기기에 특화되어 있습니다. 주력제품은 순환기 분야에 사용되는 **PTCA 가이드와이어**로, 거의 전량을 베트남에서 생산해 원가를 절감하고 있습니다.

 PTCA 가이드 와이어는 콜레스테롤 등으로 혈류가 막힌 관상동맥에 다시 흐름을 회복시키기 위해, 풍선 카테터 등을 병변 부위까지 정밀하게 유도하는 와이어형 의료기기입니다. 풍선 카테터는 좁아진 혈관에 삽입한 카테터 끝의 풍선을 부풀려 혈관 통로를 확장하는 장치를 말합니다. 아사히 인텍은 이러한 풍선 카테터는 물론 가이딩 카테터(카테터를 혈관 안으로 유도하는 튜브)까지 제품 라인업을 강화하고 있습니다.

카테터 시술은 협심증이나 심근경색 등 심장 혈관(관상동맥)이 콜레스테롤 등으로 인해 좁아지거나 막히는 질환을 치료하는 방법 중 하나입니다. 과거에는 약물 투여를 중심으로 한 치료나 증상이 심한 경우에는 개흉수술을 동반한 관상동맥 우회술이 일반적이었으나, 두 치료법 모두 환자의 부담이 크다는 단점이 있었습니다. 반면 카테터 치료는 손목이나 사타구니 부위에 카테터라고 불리는 가느다란 관을 삽입해 좁아진 혈관을 확장하는 치료법으로, 상대적으로 통증이 적고 입원 기간과 비용도 줄일 수 있습니다.

아사히 인텍은 의료진과의 공동 개발을 통해 의료 현장의 수요를 반영하며 성장해왔습니다. 특히 1995년, 고난도의 CTO(만성 완전 폐색) 치료용 PTCA 가이드 와이어 개발에 성공하면서 전 세계에 이름을 알리는 계기가 되었습니다. **현재는 전 세계 108개국 및 지역에 진출해 있으며, 해외 매출 비중은 약 70%에 달합니다.**

JCR 파마(4552)
약물을 뇌로 전달하는 기술

성장 호르몬제 외에도 희귀 질환 치료제 분야로 사업을 확장하고 있습니다. JCR 파마에서 개발한 일본 최초의 재생 의료 제품 '템셀'은 백혈병 합병증 치료에 사용됩니다. 또한, 혈액뇌관문을 통과시키는 독자 기술 'J-Brain Cargo(제이 브레인 카고)'를 적용한 의약품이 2021년 3월 후생노동성으로부터 제조·판매 승인을 받았습니다. 승인된 치료제는 유전성 난치 질환인 '리소좀 축적 질환'의 일종 '헌터 증후군' 치료제 'JR-141(개발코드, 상품명은 이즈카고)'입니다. 이즈카고는 유효성분이 뇌에 도달하는 헌터 증후군 치료제로는 세계 최초의 상용화 사례입니다.

'J-Brain Cargo' 기술은 뇌가 혈중 철분을 흡수하는 메커니즘을 응용해, 철분 흡수 '수용체'에 결합된 의약 성분이 혈액뇌관문을 통과할 수 있도록 설계된 플랫폼 기술입니다. 외과수술 없이 정맥 주사만으로 뇌에 약물을 전달할 수 있는 점이 특징입니다.

난치병으로 지정된 리소좀 축적 질환은 뇌 중추신경 증상으로 인해 발달장애나 언어장애가 동반되는 경우가 많습니다. 이를 개선하기 위해서는 약물의 유효 성분을 중추신경계에 전달하는 고도의 기술이 요구됩니다. 이 기술은 혈액뇌관문을 통과할 수 있을 뿐만 아니라 지금까지 약물 전달이 어렵다고 여겨졌던 골격근에도 효율적으로 약을 전달할 수 있다고 합니다. 헌터 증후군은 유아기부터 관절 경직, 골격 변형, 저신장 등의 증상이 나타나는 유전성 리소좀 축적 질환으로, 중증 질환인 동시에 환자 수가 적은 희귀 질환에 속합니다.

　J-Brain Cargo는 장기적으로 알츠하이머형 치매 등 중추신경계 질환 치료제 개발에도 적용될 것으로 기대되고 있습니다. JR-141의 승인은 뇌로 약물을 전달할 수 있는 의약품이 상용화되었다는 점에서 매우 큰 의미를 갖습니다. JCR 파마는 2018년 2월, 다이닛폰 스미토모 제약과 특정 중추신경계 질환 영역의 치료제 개발을 위해 J-Brain Cargo 기술 라이선스 계약을 체결했습니다. 또한 에자이, 펩티드림, 신일본 과학 등과도 협력하며 개발을 추진 중입니다. 알츠하이머형 치매 치료제가 실현된다면 JCR 파마의 사업구조가 획기적인 변화를 맞이할 것은 물론, 일본이 이 분야에서 세계를 선도할 가능성도 열릴 것입니다.

인간의 활동을 지원하는 로봇

　고령화 사회에서 의료 기술과 신약 개발, 헬스케어는 삶의 질(QOL)을 높여주는 대표적인 비즈니스 분야입니다. 이와 함께 주목해야 할 또 하나의 분야는 로봇 관련 기술입니다. 다만 여기서 말하는 로봇은 FA 등 기업이 공장에서 사용하는 산업용 로봇이 아닙니다. **사이버다인(7779)**이 개발한 착용형 로봇 슈트 'HAL'과 같이 신체 기능 개선을 돕는 의료용 로봇입니다.

예를 들어, 하반신을 움직이기 어려운 환자가 HAL을 착용하면 인간의 뇌는 다리를 움직이려는 신호를 보내고, HAL은 이를 감지해 실제로 다리를 움직입니다. 이러한 과정을 반복함으로써 점차 스스로 다리를 움직일 수 있게 됩니다. 이것이 HAL의 작동 원리입니다. 이미 여러 국가에서 보험이 적용되고 있으며, 일본 최초의 기술로 세계적인 주목을 받고 있습니다. HAL에는 작업 지원형 모델도 있어 무거운 물건을 들 때 움직임을 감지하고 실제 하중을 줄여주는 기능을 제공합니다. 이 모델은 고령화가 심화되고 있는 건설 현장이나 요양시설 등에서 활발히 활용되고 있습니다.

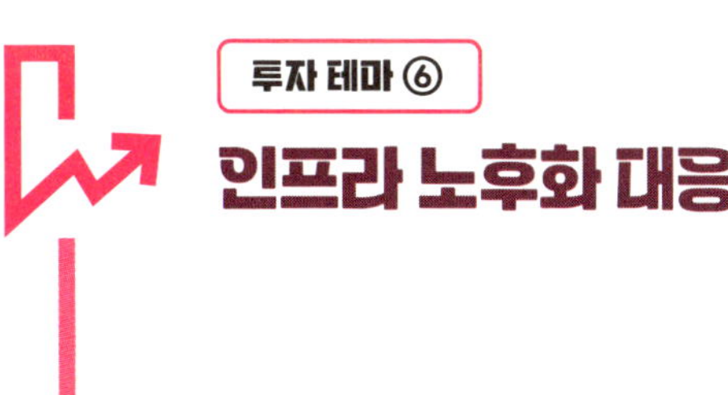

인프라 노후화 대응

인프라 노후화는 심각한 문제입니다. 바이든 대통령은 이를 해결하기 위해 대규모 인프라 투자 계획을 단행할 예정입니다.[14] 현재 일본에서도 다양한 사회 인프라가 노후화되고 있습니다. 사회 인프라란 도로, 교량, 터널, 하수도, 항만 등을 의미하며, 일본에서는 고도 경제 성장기에 이러한 사회 인프라를 일제히 정비했습니다. 그로부터 50년 이상의 세월이 흐른 지금, 당시 건설된 사회 인프라의 노후화가 심각한 문제로 떠오르고 있습니다. 참고로 국토교통성은 건설 후 50년 이상 경과한 시설의 비율이 향후 급격히 증가할 것이라는 전망을 발표했습니다.

건설 후 50년 이상 경과한 시설의 비율이 연도별로 어떻게 변화하는지 살펴보겠습니다. 먼저 도로·교량의 경우, 2018년 3월 시점에는 약 25%였던 것이 2033년 3월에는 약 63%에 이를 전망입니다. 다른 시설들도 같은 기간을 기준으로 살펴보면, 터널

---

14) 도로, 철도, 인터넷, 전력망 등 미국의 뼈대를 다시 세우는 프로젝트로, 정권이 교체된 지금도 미국 경제와 산업에 영향을 미치는 거대 정책이다(2026년 2월 기준). - 편집자 주

은 약 20%에서 약 42%로, 수문 등 하천 관리 시설은 약 32%에서 62%로, 하수도관은 약 4%에서 21%로, 그리고 항만 안벽은 약 17%에서 약 58%로 각각 증가할 것으로 예상됩니다.

　대규모 보수공사의 경우, 대형 종합건설사보다는 특수한 기술을 보유한 건설 회사들이 두각을 나타내는 경향이 있습니다. 예를 들어 건물 보수 분야에서는 **쇼본드 홀딩스(1414), 다이이치커터공업(1716)** 등이 있고, 특수 토목 분야에서는 **라이토 공업(1926), 닛토쿠건설(1929), 쿠마가이 구미(1861)** 등이 있습니다. 고량 분야에서는 **요코가와 브리지 홀딩스(5911), OSJB 홀딩스(5912), PS 미쓰비시(1871)**, 호안 관련으로는 **고요건설(1893), 도요건설(1890)**, 그리고 방재·재해 경감 분야에서는 **기켄 제작소(6289)** 등이 대표적입니다.

방재·재해 경감 대책은 시급한 과제

　인프라 분야에서는 노후화에 더해 국토강인화[15] 정책을 지속적으로 추진할 것으로 예상됩니다. 2020년 규슈 지방을 중심으로 심각한 호우 피해가 발생했습니다. 정부는 2020년 7월 내각 회의를 통해 '2020년도 경제 재정 운영 및 개혁 기본방침(호네부토 방침)'[16]과 '성장 전략 실행 계획'을 확정했습니다. 이 호네부토 방침에서는 코로나 사태 종식 이후의 디지털 전환, 자유무

---

15) 국토강인화 : 일본 정부가 자연재해 예방, 재해 경감 및 인프라 노후화 대응 등을 위해 추진하는 장기적인 국가 정책이다. - 역자 주
16) 호네부토 방침(骨太の方針) : 일본 정부가 매년 발표하는 경제 재정 운영 및 개혁의 기본방침이다. 정책의 큰 방향성과 예산 편성의 기준이 되는 고유 명칭이다. - 역자 주

역 체제 추진과 함께 2020년 규슈 호우를 계기로 국토강인화와 방재·재해 경감을 주요 과제에 포함시켰습니다. 또한 2020년 말까지로 설정된 국토강인화 정책에 대해 '중장기적 관점에서 계획적으로 추진한다'라는 내용을 명시했습니다.

일본에서는 2018년에도 오사카 북부 지진, 서일본 호우, 홋카이도 이부리 동부 지진 등 잇따라 재해가 발생하면서, 국토강인화는 지속적으로 추진해야 할 과제로 자리 잡고 있습니다.

기켄 제작소(6289)
유압식 말뚝 압입·인발기 등 제조

압입식 항타기 분야에서는 국내 시장 점유율이 약 90%에 이르는 것으로 추정됩니다. 수익구조는 시공사업과 기계 판매가 양대 축을 이루고 있습니다. 하천 제방 붕괴 복구 및 지진, 쓰나미에 강한 '임플란트 공법'은 2011년 동일본 대지진 복구공사에서도 뛰어난 실적을 기록했습니다.

임플란트 공법은 본체부와 기초부가 일체화된 '임플란트 파일'(매입 말뚝)을 유압에 의한 정적하중으로 지중에 압입해, 지반과 결합된 단단하고 유연한 구조물(임플란트 구조물)을 구축하는 방식입니다. 이 공법으로 시공된 구조물은 뛰어난 강성과 품질을 갖추고 있으며, 부재의 크기와 지반 관입 깊이에 따라 수직 또는 수평 방향의 외력에 대해 우수한 내력을 발휘합니다.

일반적인 기초공법인 푸팅(footing) 구조는 기초와 지반의 접촉면적을 넓혀 지반 위에 구조물을 '올려두는' 방식이기 때문에, 임플란트 공법에 비해 구조적 한계가 뚜렷합니다. 실제로 2019

년 나가노현에서 호우 피해가 발생했을 때도 복구 과정에서도 하천 정비에 임플란트 공법이 채택되었습니다. 임플란트 공법은 기획 및 계획 단계부터 시공, 완공 후의 기능 유지 관리까지 패키지로 제공됩니다. 해외에서도 업무 제휴와 기술 공여를 통해 패키지 형태로 사업을 확장하며 세계 시장 진출을 추진하고 있습니다.

'인프라 노후화 대응' 관련 종목

쇼본드 홀딩스(1414)
인프라 보수 분야의 개척자

다이이치커터공업(1716)
콘크리트 구조물 절단 등

**라이토 공업(1926),
닛토쿠 건설(1929), 쿠마가이 구미(1861)**
특수 토목 공사에 강함.

**요코가와 브리지 홀딩스(5911),
OSJB 홀딩스(5912), PS 미쓰비시(1871)**
교량 건설 대표기업

고요건설(1893), 도요건설(1890)
호안 공사에 특화

기켄 제작소(6289)
방재·재해 경감 분야에 공헌

다이세키 환경솔루션(1712), 고켄공업(6297)[17]
리니어(초고속 자기부상열차) 관련

---

17) 도요건설(1890), 다이세키 환경솔루션(1712), 고켄공업(6297)은 상장 폐지되었습니다(2026년 2월 기준). – 편집자 주

10만 원으로 시작하는
성공 주식 투자

제1판 1쇄 2026년 3월 13일

지은이 와지마 히데키   옮긴이 김진수
펴낸이 한성주
펴낸곳 ㈜두드림미디어
책임편집 최윤경
디자인 디자인 뜰채 apexmino@hanmail.net

㈜두드림미디어
등　록 2015년 3월 25일(제2022-000009호)
주　소 서울시 강서구 공항대로 219, 620호, 621호
전　화 02)333-3577
팩　스 02)6455-3477
이메일 dodreamedia@naver.com(원고 투고 및 출판 관련 문의)
카　페 https://cafe.naver.com/dodreamedia

ISBN 979-11-24026-17-5 (03320)

**책 내용에 관한 궁금증은 표지 앞날개에 있는 저자의 이메일이나
저자의 각종 SNS 연락처로 문의해주시길 바랍니다.**

책값은 뒤표지에 있습니다.
파본은 구입하신 서점에서 교환해드립니다.